Anschaffungspreis: 30,- **EURO**

Bitte beachten Sie, dass bei Verlust oder Beschädigung dieses Exemplars der Wiederbeschaffungswert zu zahlen ist!

SHETLAND PONYS

– *Für meinen Vater Jürgen Dahl* –

SHETLAND PONYS

Großer Spaß mit kleinen Pferden

VON DOROTHEE DAHL

Für die tatkräftige Unterstützung bei der Entstehung dieses Buches möchte ich meinem Mann, Frank Fritschy, danken, der Ideen, Fotos und intensive Arbeit mit unseren Shettys beigesteuert hat.

Außerdem Christiane Boysen aus Wenzendorf, die seit Jahren wunderbare Shetland-Ponys im Originaltyp züchtet und bei der ich mich für ihre Unterstützung beim Thema Zucht bedanke.

Nicht zuletzt danke ich Heinrich Freiherr von Senden für sein Vorwort zu diesem Buch. Als langjähriger erfahrener Kutschfahrer, Pferdeausbilder und FN-Fahrlehrer hat er die Shettys immer ernst genommen und uns ermutigt, den Kleinen all das beizubringen, was auch die Großen lernen können.

Cadmos Verlag GmbH, Lüneburg
© 2001 by Cadmos Verlag
Gestaltung & Satz: Ravenstein Brain Pool, Berlin
Titelfoto: Christiane Slawik
Druck: Westermann Druck, Zwickau

Alle Rechte vorbehalten.
Abdrucke oder Speicherung in elektronischen Medien nur nach schriftlicher Genehmigung durch den Verlag.

Printed in Germany

ISBN 3-86127-363-2

INHALT

Vorwort 8

Einführung 9

Vom Grubenpony zum Turnierpferd 10
Keltische Urahnen 10
Shetland- und Orkney- Inseln 11
   Karges Leben in rauem Wind 11
   Arbeitsponys unter und über der Erde 12
   Große Zucht mit kleinem Ziel 14

Shetland-Ponys heute 15
Von den Inseln aufs Festland: Wie die Zwerge zu uns kamen 15
Mini bis Classic: Typen und Zuchtziele 17
Exterieur und Gänge: Was kurze Beine alles können 20
Interieur: Klein aber oho! 21
Starker Charakter: Ernst zu nehmende Pferde 22

Ein Shetty für die ganze Familie 23
Wohl überlegter Shettykauf 23
Weder Rasenmäher noch Kinderspielzeug 26
Herdentiere: Niemals allein 27
Züchter oder Pferdemarkt: Wo man überall Shettys kaufen kann 29
Egal welches? Von Hengsten und Stuten, von Fohlen und alten Pferden 30
Klein und billig? 32
Das neue Familienmitglied zieht ein: Gute Vorbereitung ist alles 33

INHALT

EIN LANGES LEBEN DURCH ARTGERECHTE HALTUNG 35

Ein Pferd in der Box ist wie ein Schäferhund in der Sprudelkiste 35
Fernwanderwild: Warum Laufen so wichtig ist 38
Futter 39
   Eiweißarm und mineralstoffreich 39
   Wer arbeitet, braucht Kraftfutter 39
Vier Jahreszeiten: Sinnvolle Fellpflege 40
   Regen, Wind und Sonne: Warum die vielen Haare so wichtig sind 40
Auch kleine Hufe brauchen Pflege 42
   Barfuß oder Hufeisen: Bloß nicht am falschen Ende sparen 42
Krankheiten: Vorbeugen und heilen 43
   Über Tetanus, Tollwut und andere Impfungen 43
   Da ist der Wurm drin: Wurmkuren müssen sein 43
   Shettyproblem Nr. 1: Die Hufrehe und wie man sie vermeiden kann 44
   Wenn's juckt und kratzt: Das Sommerekzem und seine Behandlung 44
   Das alte Shetland-Pony 47
Verführerisch: Ein goldiges Shetty-Fohlen 48
   Shettys selber züchten: Und dann? 48
   Trächtigkeit, Geburt und Aufzucht 51

INTELLIGENT, LERNWILLIG UND LEISTUNGSSTARK: WAS DIE KLEINEN ALLES KÖNNEN 57

Basis für die Zukunft: Jungpferdeausbildung 57
   Grundausbildung 58
   Bodenarbeit 61
   Longe und Doppellonge 65

Inhalt

Reiten: Auch ein Kinderpony braucht Erwachsene 69
   Ausrüstung 70
   Einreiten 71
   Training 72
   Freizeit, Dressur, Springen, Gelände, Wanderritt, Turnier 73
Fahren: Da staunen die Großen 77
   Von Kraft, Ausdauer und Überforderung 77
   Ausrüstung 79
   Einfahren 82
   Training von Fahrer und Pony: Fahrkurs und Unterricht 83
   Sonntagsspazierfahrt, Wanderfahrt, Kutschenkorso, Fahrturnier 84
Spaß das ganze Jahr hindurch 88
   Mücken und Hitze: Was man im Sommer beachten muss 88
   Schnee und Kälte: Was im Winter wichtig ist 90

ADRESSEN 93

LITERATUR 94

Vorwort

Immer mehr Menschen wollen in ihrer Freizeit etwas Sinnvolles in und mit der Natur erleben. Viele möchten etwas mit Tieren machen, am liebsten mit Pferden. Aber nur wenige werden das Glück gehabt haben, wie ich von Kindheit an mit Pferden aufgewachsen zu sein, den natürlichen Umgang mit Pferden erlebt und gelernt zu haben.

Nun stellen diese Menschen sehr schnell fest: der Traum vom Pferd kann nicht so ohne weiteres Wirklichkeit werden. Da kommen viele Menschen auf die Idee: Ach, ein Pony tut es auch. Gott sei Dank leben wir in einer Zeit, in der man sich über Bücher informieren kann.

Nun ist hier ein Buch entstanden über Ponys, in dem wirklich jede Frage beantwortet wird. Ich würde mir wünschen, dass jeder, der den Wunsch hat, mit Ponys umzugehen, sich erst einmal dieses Buch erarbeitet. Aus meiner Sicht ist keine Frage offen gelassen worden und in ganz klarer, eindeutiger Sprache erklärt Dorothee Dahl das Shetlandpony. Aber dieses Buch ist nicht nur für Shetlandponys, sondern für alle Ponys gedacht, ja sogar, wer den Umgang mit Pferden lernen will, sollte sich dieses informative Buch unters Kopfkissen legen, aber nicht nur legen, sondern auch lesen!

Heinrich Freiherr von Senden

Einführung

Wer kennt sie nicht, die kleinen zotteligen Shetland-Ponys mit den freundlichen Augen und den kurzen Beinen. Überall sehen wir sie, wenn wir übers Land fahren, auf Ponyhöfen, beim Bauern auf der Weide, als Beistellpferde und manchmal leider auch einsam in irgendwelchen Matschunterkünften oder gar stumpfsinnig Runde um Runde drehend auf der Kirmes.

Welches Kinderherz schlägt nicht höher, wenn es einem Shetland-Pony-Fohlen in Kuscheltiergröße begegnet und welcher Erwachsene wird da nicht weich und überlegt, ob so ein kleiner Geselle nicht in den Garten passen würde. Leider wird, gerade bei den handlichen Shetland-Ponys, leicht vergessen, dass es sich um echte Pferde im Kleinformat handelt. Kleine Pferde mit den gleichen Bedürfnissen wie ihre großen Artgenossen. Shettys werden oft belächelt und unterschätzt und nicht selten wieder abgegeben, weil aus dem Kuschelfohlen ein schwieriges, vielleicht beißendes und tretendes Pony geworden ist, mit dem man nichts mehr anfangen kann. Bei richtigem Umgang, artgerechter Haltung und einer ordentlichen Aufgabe aber kann jeder, der die kleinen Kerlchen ins Herz geschlossen hat, viel Freude an seinem Shetlandpony haben.

Für alle, die großen Spaß an diesen kleinen Pferden haben, ist dieses Buch gedacht. Es gibt Hilfen und Informationen für jene, die schon ein Shetland-Pony besitzen, aber wenig damit anzufangen wissen. Außerdem kann dieses Buch eine Entscheidungshilfe für Menschen sein, die sich vielleicht ein Shetland-Pony anschaffen wollen. Aber auch diejenigen, die kein eigenes Pony haben oder kaufen möchten, lernen in diesem Buch diese kleinen, besonderen Pferde besser kennen und verstehen.

Unwiderstehlich goldig, so ein Shetty-Fohlen.
Foto: Christiane Slawik

*Shetland-Ponys blicken auf eine lange, bewegte Geschichte zurück, in der sie nicht immer ein Halfter trugen.
Foto: Christiane Slawik*

Vom Grubenpony zum Turnierpferd

KELTISCHE URAHNEN

Unser heutiges Shetland-Pony geht auf einen Urtyp zurück, der schon vor mehr als 5000 Jahren, als die ersten Pferde domestiziert wurden, vorwiegend im Nordwesten Europas heimisch war. Es handelte sich um ein archetypisches nordisches Pony, das als keltisches Pony bezeichnet wird.

Auch das Islandpony stammt von diesem kleinen, zähen und genügsamen Pony ab, das unempfindlich gegen Kälte, Nässe und Wind war. Man nimmt an, dass die Shetland-Ponys zu den direktesten Nachkommen des keltischen Primitivponys gehören. Archäologische Funde lassen darauf schließen, dass bereits 500 vor Christus kleine Pferde auf den Shetland-Inseln lebten. Im Jahre 1568 drückte *Ubaldini* in seiner Beschreibung *deal Redo di Scotia* seine Anerkennung für die Ponys aus, die sich auf den Shetland-Inseln im äußersten Norden Schottlands befanden. Er beschrieb die kleinen zähen Pferde, die nicht größer als Esel seien und sich durch Härte und Ausdauer auszeichneten. Damals hießen die Inseln noch Zetland und die gleichnamigen Ponys *Zetland horses*. Schon damals waren die Ponys sehr klein, im Stockmaß um etwa einen Meter, so wie heute noch der Originaltyp der Shetland-Ponys gezüchtet wird.

*Jenseits der Inseln sind die Lebensbedingungen für Shetland Ponys leichter, aber nicht immer günstiger.
Foto: Christiane Slawik*

SHETLAND- UND ORKNEY- INSELN

Das Leben auf den schottischen Inseln hat die Shetland-Ponys geprägt. Die klimatischen Bedingungen sind nahezu die gleichen geblieben; ihre Tätigkeit als hartes Arbeitspony ist inzwischen weniger gefragt, wo es möglich ist, haben Maschinen und Autos ihren Platz eingenommen.

Karges Leben im rauen Wind

Die Lebensbedingungen für die Shetland-Ponys auf der unwirtlichen Inselgruppe Shetland und Orkney waren und sind alles andere als komfortabel. Kälte, viel Regen und ein rauer, manchmal eisiger Wind sowie eine karge Vegetation haben dazu beigetragen, dass diese kleine zähe Rasse so genügsam ist. Sie haben im Laufe der Zeit die Fähigkeit entwickelt, den Verlust ihrer Körperwärme so gering wie möglich zu halten, was ihnen das Überleben im nasskalten Klima auf den Inseln ohne Bäume erleichtert. Auch das Nahrungsangebot ist nur bescheiden, es besteht aus wenig Gras, Moos und hartem Heidekraut. In der Literatur wird beschrieben, dass die Shetland-Ponys im Winter, wenn das Futter knapp wird, die Berge verlassen und den Seetang am Strand fressen, um durchzuhalten. Nach besonders langen und kalten Wintern kommen sie oft erst im Sommer wieder richtig zu Kräften, wobei aufgrund der natürlichen Selektion nur die härtesten und gesündesten Ponys überleben. In den von Menschen kontrollierten Herden wird deshalb in dieser Zeit zugefüttert, damit die Bestände nicht übermäßig dezimiert werden.

SHETLAND-PONYS

Stilgerechte Präsentation im Schottenkaro: diese Ponys müssen nicht mehr unter Tage arbeiten.
Foto: Christiane Slawik

Arbeitsponys unter und über der Erde

Damals war es nicht ungewöhnlich, beispielsweise in der Hauptstadt der Shetland-Inseln, in Lerwick, Menschen mit ihren Shetland-Ponys beim Einkaufen zu treffen.

Die Ponys hatten Lastkörbe auf dem Rücken und trugen die Einkäufe nach Hause.

In der Landwirtschaft wurden sie zum Transport von Seetang eingesetzt, den sie vom Strand aufs Land tragen mussten, wo er als Dünger des wenig fruchtbaren Bodens diente. Da ihre Kraft im Verhältnis zu ihrer geringen Körpergröße erstaunlich groß ist, nutzte man sie als Reittiere, auch für Erwachsene, oder spannte sie vor einen Karren. Das wichtigste Brennmaterial auf den Shetland- und Orkney-Inseln war der Torf, den die Ponys ebenfalls in Lastkörben oder Karren transportierten. Shetland-Ponys waren also keine Luxustiere, sondern ein essenzieller Bestandteil des täglichen Lebens.

Im 19. Jahrhundert blühte die Kohle-Industrie auf den Shetland-Inseln und im Nordosten Englands

VOM GRUBENPONY ZUM TURNIERPFERD

Nun geht für sie doch noch die Sonne auf: Die letzten Grubenponys aus einer Kohlenzeche in Easington, Durham verlassen für immer ihren dunklen Arbeitsplatz. Foto: National Cual Board, London

und die kleinen unerschrockenen Shetland-Ponys wurden als nützliche Mitarbeiter in den Kohleminen unter Tage entdeckt. Es war dort laut, schmutzig und dunkel und viele von ihnen haben das Tageslicht nie wieder gesehen. Im Jahre 1887 gab es noch kein Gesetz, dass das Wohlergehen der Ponys in den Minen sicherte. Erst 1911 wurden Vorschriften für den Umgang mit Minenponys herausgegeben, die ihre Arbeitsbedingungen ein wenig erleichterten. Im Laufe der Zeit entstand zwischen den Minenarbeitern und den *Pit Ponies* ein unzertrennliches Band, von dem heute noch zahlreiche Legenden erzählen. Es waren echte Kumpel, die auch außerhalb der Arbeit in speziellen *Pit Pony Classes* ihr Bestes gaben.

Gott sei Dank gehört aber die Geschichte der Minenponys nun der Vergangenheit an. Trotzdem ist es erstaunlich, dass erst im Jahre 1994 die letzten Minenponys in Rente gingen.

Santos, ein kräftiger Shetland-Pony-Hengst im Originaltyp.
Foto: Christiane Boysen

Große Zucht mit kleinem Ziel

Nachdem es auf den Inseln lange das Ziel gewesen ist, in der Shetland-Pony-Zucht einen in den Kohleminen, auf dem Feld und vor dem Wagen brauchbaren Arbeitstyp zu züchten, steht inzwischen die Zucht eines Ponys für die Freizeitbeschäftigung im Vordergrund.

Trotzdem haben die Shetland-Ponys auf der ganzen Welt, bis auf den American Classic Typ, der nur noch entfernt an ein Shetland-Pony erinnert, ihre geringe Größe beibehalten. Die Zucht der Shetland-Ponys auf den Shetland-Inseln (wo sie auch heute noch für verschiedene Aufgaben eingesetzt werden), hat zum Ziel, den ursprünglichen Typ zu erhalten. Ein kleines, wohlproportioniertes Pferd mit tonnigem Rumpf, breitem Hals, kleinem, wohlgeformten Kopf sowie dichtem Mähnen- und Schweifhaar, das genügsam, kräftig und widerstandsfähig ist.

Arbeit vor dem Karren verrichten Shettys heute fast nur noch zu Demonstrationszwecken.
Foto: Christiane Slawik

SHETLAND-PONYS HEUTE

Klein und zäh sind sie immer noch, aber das Bild hat sich gewandelt. Inzwischen gibt es verschiedene Shetland-Pony-Typen und ihr Haupt-Job ist es nun, Kindern und Erwachsenen ein schönes Freizeitvergnügen zu bereiten. Früher waren die kräftigen Zug- und Lastentiere aber aus dem Arbeitsalltag kaum wegzudenken.

VON DEN INSELN AUFS FESTLAND: WIE DIE ZWERGE ZU UNS KAMEN

Anfang des 20. Jahrhunderts wurden viele Shetland-Ponys von den Inseln in die Niederlande, nach Deutschland und in die USA exportiert. Sie kamen mit dem Schiff und später auch mit dem Flugzeug. Die Niederlande waren das erste Land, das Shetland-Ponys direkt von den Inseln importierte und heute gibt es in den Niederlanden mehr Shetland-Ponys als in Großbritannien. Damals war in den Niederlanden die häufig eingesetzte Hundekarre, ein kleiner, tatsächlich von einem Hund gezogener Wagen, verboten worden. Nun suchte man kleine Zugtiere, die die gleiche Arbeit mit den gleichen Wagen verrichten konnten.

Der Ponytyp hat sich dort im Laufe der Zeit deutlich gewandelt. Die Ponys wurden früher als kleine Arbeitspferde gezüchtet und entwickelten sich in den Niederlanden, nicht zuletzt wegen der Arbeitsbereiche, in denen sie eingesetzt wurden, zu einem schweren Typ, mit recht kurzen Beinen und häufig gerader Schulter. Zwei Hengste aus der berühmten englischen Marshwood-Linie, Supreme of Marshwood und Spotlight of Marshwood, haben die

SHETLAND-PONYS

Früher und heute sind Shettys gerne gesehene Gäste bei Festtagsumzügen.
Foto: Christiane Slawik

Entwicklung der niederländischen Shetland-Pony-Zucht deutlich geprägt, die sich im Laufe der Zeit wieder zu einem leichteren und typischeren Shetland-Pony hin entwickelte.

In Deutschland gibt es, anders als in den Niederlanden, in jedem Bundesland einen eigenständigen Zuchtverband mit unterschiedlichen Bestimmungen, so dass für den Laien nicht immer deutlich ist, ob es sich um ein echtes Shetland-Pony handelt oder nicht. Die *Interessengemeinschaft der deutschen Shetlandponyzüchter e.V.* kann aber jedem weiterhelfen, wenn es um Ahnenforschung und Abstammungsnachweise deutscher und ausländischer Shetland-Ponys geht.

Als es noch keine Traktoren gab, wurden die kleinen, trittsicheren und zugkräftigen Shetland-Ponys auch in Deutschland als Arbeitstiere eingesetzt. Fütterung und Haltung erforderten wenig Aufwand und die beträchtliche Zugleistung konnte für das Ziehen von Milchkarren, aber auch in Gärtnereien und auf Obstbetrieben genutzt werden. Nebenbei war es zu der Zeit auch schon das Freizeitvergnügen der Kinder, auf den Ponys zu reiten und an Festtagsumzügen teilzunehmen.

Inzwischen ist das Shetland-Pony ein Freizeitpony für Kinder und Erwachsene, mit dem man reiten und fahren kann; nach wie vor machen sich aber auch Zirkus und Pferdeshowunternehmen die Gelehrigkeit und das ansprechende Aussehen der Shetland-Ponys zunutze. Es gibt wunderschöne Schaubilder mit winzigen Shettys und riesigen Shire Horses, Freiheitsdressuren und sogar hohe Schule an der Hand mit Shetland-Ponys, die den Vergleich mit den großen Pferden ohne Weiteres aufnehmen kann.

Und sogar in Detschland gibt es Shetland-Ponys auf einer Insel! Seit den Siebzigerjahren lebt auf der Greifswalder Oie, einer kleinen Insel in der Ostsee, ehemals militärisches Sperrgebiet der damaligen DDR, eine halbwilde Herde von etwa 50 Shetland-Ponys. Sie sind dort zwar nicht den rauen Bedingungen der Shetland-Inseln ausge-

Ein Shettyhengst bei seinem Auftritt im gelungenen Pferdemusical „Zauberwald".
Foto: Christiane Slawik

setzt, aber mit sinnvoller Betreuung leben sie weitgehend artgerecht und sind gesund, harmonisch gebaut, fruchtbar und widerstandsfähig – Shettys eben.

MINI BIS CLASSIC: TYPEN UND ZUCHTZIELE

Die Kleinen gibt´s in allen Größen und Farben! Aber gerade deshalb gab es über die Frage, welches Pony sich nun wirklich Shetland-Pony nennen darf, bisher immer wieder geteilte Meinungen. Der von der deutschen Interessengemeinschaft der Shetlandponyzüchter e. V. festgelegte Standard, der die verschiedenen Zuchtziele beschreibt, bringt aber Deutlichkeit. Ältestes Zuchtziel ist das Shetland-Pony, für das das englische Mutterstutbuch maßgeblich ist.

Viele kleine bunte Shettys!
Foto: Christiane Slawik

Diese Ponys müssen mindestens drei Generationen englisches Blut führen, dürfen alle Farben bis auf Tigerschecke zeigen und kein amerikanisches Blut führen. Dreijährig dürfen Stuten bei der Eintragung und Hengste bei der Körung nicht größer als 105 Zentimeter sein, wobei hier die Bestimmungen in den 15 deutschen Zuchtverbänden unterschiedlich sind; vierjährig und älter liegt das Endmaß für alle Shetland-Ponys bei 107 Zentimetern. Alle Tiere unter 87 Zentimeter sind Mini-Shetland-Ponys. Nicht vom englischen Mutterstutbuch anerkannt, aber nach deutschen Regeln gezogene Tiere werden im so genannten Deutschen Part-Bred Shetland-Pony zusammengefasst, bei dem alle

Shetland-Pony-Nachwuchs im Originaltyp.
Foto: Christiane Boysen

Farben, auch die Tigerschecken, vertreten sind. Größenmäßig gilt auch das Endmaß von 107 Zentimetern, außerdem gibt es das Deutsche Part-Bred Shetland-Pony im Mini-Typ unter 87 Zentimeter und im sportlichen Typ.

Es ist hier eine neue Rasse entstanden, die nicht schlechter ist als das urenglische Shetland-Pony, sondern durch fremdes Blut nur anders als die Prototypen von den Inseln.

Grundsätzlich meine ich, dass die dem Urtyp der Inselponys ähnlichsten Shetland-Ponys unbedingt so rein wie möglich erhalten werden sollten. Die unter anderem durch Klima und Nahrungsangebot auf den Inseln entstandenen rassetypischen Merkmale bleiben so am ehesten erhalten, auch wenn sich der Gesamttyp durch einen Umzug in andere Lebensbedingungen, wie die Shetland-Ponys sie bei uns vorfinden, verändert. Durch Zucht mit importierten Shetland-Ponys von den Shetland-Inseln kann aber immer wieder auf den reinen Typ zurückgegriffen werden.

Ein Shetland-Pony, das zwar Shetland im Namen führt, aber nicht mehr so aussieht, ist das American Shetland-Pony, von dem es in Amerika inzwischen um die 50.000 Exemplare gibt. Es wurde aus dem englischen Shetland-

SHETLAND-PONYS

Auch mit kurzen Beinen ist jede Menge Schwung möglich, wie dieser wunderschöne Moorkopfschimmel zeigt.
Foto: Christiane Slawik

Pony und Einkreuzungen von Hackneys, Arabern und Vollblütern gezüchtet.

Es entspricht deutlich dem Pferde-, nicht dem Ponytyp, und nur noch das dicke Langhaar im Winter erinnert an die Vorfahren. Viele moderne Ponyrassen, wie das australische Pony oder das Pony of the Americas führen Shetland-Blut. Der kleinste Vertreter ist das Falabella-Pferd, bei dem Shetland-Ponys mit englischem Vollblut und Arabern in kontinuierlicher Zucht auf Kleinwüchsigkeit gekreuzt wurden, bis das wohl kleinste Pferd der Welt entstand, das Charakter und Proportionen eines Pferdes und nicht eines Ponys zeigt.

EXTERIEUR UND GÄNGE: WAS KURZE BEINE ALLES KÖNNEN

Das Shetland-Pony hat ein Rechteckformat mit schräger Schulter und breiter Brust, eine nicht zu kurze Kruppe mit gut bemuskelter Hinterhand und gut behaartem Schweif. Der Kopf ist klein, gut getragen und proportioniert, mit intelligenten dunklen und freundlichen Augen. Die Ohren sollen klein sein und nicht zu eng stehen, die Maulspalte genügend lang, die Zähne und der Kiefer müssen korrekt und die Nüstern groß sein. Der Hals ist kräftig mit dichter Mähne und nicht zu tief angesetzt.

Das Fundament ist stabil, mit kurzem kräftigem Röhrbein und harten, runden Hufen.

Trotz der geringen Größe und den kurzen Beinen ist der Bewegungsablauf des korrekten Shetland-Ponys raumgreifend, elastisch und leichtfüßig.

Beim deutschen Part-Bred Shetland-Pony ist der Standard insgesamt vergleichbar, der Kopf ist aber kleiner und edler, das Fundament ist trocken und der Bewegungsablauf schwungvoll, mit elastisch schwingendem Rücken. Die Brust darf nicht zu schmal sein. Beim sportlichen Typ kann die Stirn schmaler sein, insgesamt ist das Pony etwas höher gestellt

INTERIEUR: KLEIN ABER OHO!

Shetland-Ponys zeichnen sich durch besondere Merkmale aus, die die Rasse prägen und die aus diesen kleinen Tieren echte Persönlichkeiten machen. Es sind robuste Tiere, die in ihrem meist langen Leben sehr fruchtbar sein können. Es ist schon eine Wucht, was die kleinen Kraftpakete so zu bieten haben. Ausgeglichenheit und besonnenen Umgang mit aufregenden Dingen bringen sie von Natur aus mit und wenn wir unsere Shettys nicht verunsichern, werden wir sehr selten ein Shetland-Pony in Panik erleben. Haben die intelligenten Shettys erst einmal etwas gelernt, vergessen sie es so schnell nicht mehr, egal, ob es sich um das Ziehen einer Kutsche oder das geschickte Öffnen des Weidetores handelt. So ruhig sie sein können, so ehrgeizig geben sie alles, wenn es darauf ankommt. Und wenn wir sie eine Weile nicht angespannt haben, laufen sie doch so selbstverständlich im Geschirr, als wären sie gestern noch Kutsche gefahren. Nutzen wir den starken Charakter der besonderen Shetland-Ponys und brechen ihn nicht!

Der starke Charakter spiegelt sich bei diesem Shetland-Pony in seiner beeindruckenden Ausstrahlung wieder.
Foto: Christiane Slawik

SHETLAND-PONYS

STARKER CHARAKTER: ERNST ZU NEHMENDE PFERDE

Aufgrund ihrer geringen Größe werden die Shetland-Ponys immer wieder belächelt und vor allem unterschätzt. Schade eigentlich, denn wenn wir ihre Leistungsbereitschaft und ihr rasches Aufnahmevermögen nutzen und konsequent mit ihnen arbeiten, werden wir immer wieder erstaunt sein, wie willig sie mitmachen und wie schnell sie etwas lernen. Das, was ihnen vielfach als Eigenwilligkeit oder gar Sturheit nachgesagt wird, ist in Wirklichkeit ein Resultat ihrer außerordentlichen Intelligenz, die gefordert und gefördert werden will. Sie sind nicht nur klug und genügsam, sondern haben von Natur aus ein gutartiges Temperament, das uns die Arbeit mit ihnen immer wieder schön und leicht macht, wenn wir ebenfalls freundlich mit ihnen umgehen.

Die ganze Familie kann Freude am Shetland-Pony haben:
Die Kinder reiten ...
... die Eltern fahren.
Fotos: Christiane Slawik

EIN SHETTY FÜR DIE GANZE FAMILIE

Weil Shetland-Ponys so vielseitig einsetzbar sind, kann die ganze Familie Spaß an ihnen haben. Vor lauter Begeisterung aber gleich impulsiv ein Shetland-Pony zu kaufen führt wahrscheinlich zu Problemen; diese können jedoch vermieden werden, wenn die ganze Familie die Anschaffung des neuen Familienmitgliedes vorher bespricht, sich informiert und sinnvoll plant.

WOHL ÜBERLEGTER SHETTYKAUF

Es ist nicht schwierig und nicht teuer, ein Shetty zu kaufen, was Menschen immer wieder dazu verführt, dies unüberlegt zu tun. Wie bei allen Tieren, die man in seine Obhut nimmt, sollte man sich natürlich auch vor dem Shettykauf gut überlegen, was auf einen zukommt. Wie wollen Sie das Pony halten? Soll es am Haus stehen und von Ihnen selbst versorgt werden, oder beim Bauern um die Ecke, im Reitstall oder auf dem Ponyhof in Pension gehen?

Ein Pferd am Haus zu halten erfordert viel Platz, Arbeitsaufwand und Zeit. Je nachdem, was Sie mit Ihrem Shetty machen möchten, kann diese Arbeit natürlich in den Tagesablauf einer ganzen Familie miteinbezogen werden und zu einer gemeinsamen Freizeitbeschäftigung werden, an der alle Spaß haben. Für Kinder kann die Sorge für das eigene Pony ein wichtiger Schritt zum Lernen und Leben von Verantwortung sein. Kinder brauchen aber immer Erwachsene, die es unterstützen und die darüber wachen, dass das Pony regelmäßig und richtig versorgt wird. Auch für Einzelpersonen oder Paare ohne Kinder kann die Haltung von Shetland-Ponys am Haus eine Bereicherung sein. Ein Pony am Haus kann aber manchmal auch als lästig empfunden werden. Es muss auch sonntags und in den Ferien und vor allem bei Wind und Wetter versorgt werden, außerdem kommt man um das Anlegen eines Misthaufens nicht herum, der im Sommer Fliegen anzieht, die nicht nur die Nachbarn stören könnten. Für Pferdemenschen ist der Duft der Pferde wunderbar, andere hingegen finden, dass Pferde stinken. Viele Nachbarn freuen sich aber über den fruchtbaren Dünger, den sie nach einiger Zeit von Ihrem Misthaufen bekommen können und der nicht nur Rosen üppig wachsen lässt.

Wenn also ein Pony am Haus gehalten werden soll, muss dies unbedingt vorher mit den Nachbarn abgesprochen werden, um den Folgen einer eventuellen Belästigung vorzubeugen. In reinen Wohngebieten mit kleinen Grundstücken ist Pferdehaltung am Haus nahezu unmöglich. Denn egal wie klein die Pferde auch sind, auch sie machen Mist, verlieren Haare und machen manchmal auch Lärm.

Stellt man sein Shetland-Pony zum nahe gelegenen Bauern, muss man auch dort gewährleisten können, dass das Pony artgerecht gehalten und versorgt wird. Es irgendwo auf einer womöglich mit Stacheldraht eingezäunten Wiese sich selbst zu überlassen hat nichts mit verantwortungsbewusster Pferdehaltung zu tun.

In einem Reitstall werden Shettybesitzer, vor allem wenn sie das Shetty für sich und nicht für ihre Kinder angeschafft haben, belächelt oder sogar ausgelacht. Viele völlig unterforderte Shettys wohnen in Reitställen zusammen mit einem Großpferd in einer Box, aus der sie noch nicht einmal hinausschauen können. Oder sie fristen ihr Dasein in muffigen, dunklen Ecken, aus denen sie nur für die Kinderreitstunde herausgeholt werden. Ersparen Sie Ihrem Shetty ein solches Leben!

Nur wenn ein Bauer, ein Reitstall oder ein Ponyhof einen artgerechten Stall mit Auslauf und Pferdegesellschaft bieten kann, sollten Sie Ihr Shetty dorthin stellen. Wenn Sie nun wissen, wie Sie Ihr Pony unterbringen können, sollten Sie ernsthaft darüber nachdenken, ob Sie überhaupt genügend Zeit haben, sich täglich mit dem Tier zu beschäftigen. Einen Fotoapparat kann man im Regal liegen lassen, wenn man keine Zeit hat, Fotos zu machen. Ein Pony muss immer versorgt und beschäftigt werden. Auch wenn das Pony schon ausgebildet und zum Beispiel eingefahren ist, braucht es regelmäßige Übung, um im Training zu bleiben. Um sonntags mit der ganzen Familie Kutsche fahren zu können, muss das Pony auch während der Woche regelmäßig longiert, geritten oder gefahren werden, damit es in Kondition bleibt.

Kinder sollten immer unter Anleitung der erwachsenen Shettybesitzer mit den Ponys arbeiten, es reicht also nicht aus, sich für die Tage während der Woche eines der vielen pferdebegeisterten Nachbarsmädchen zu suchen, das sich dann selbstständig um das Pony kümmert.

Außerdem brauchen Sie viel Zeit zur Pferdepflege, für den Hufschmied, die Zaun-

Dieser Pferdeanhänger wurde der Shetty-Größe angepasst: die Mittelwand und die Stangen sind deutlich niedriger, damit die Ponys während der Fahrt sicher stehen.
Foto: Jürgen Dahl

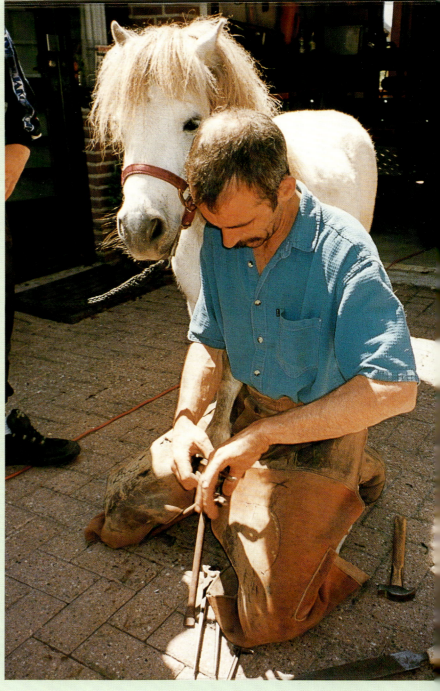

Der Hufschmied muss sehr gelenkig sein, um Shettys beschlagen zu können.
Foto: Dorothee Dahl

reparatur, den Tierarzt, eventuelle Heuernte und andere, manchmal unvorhergesehene Dinge. Ein Pony nebenbei zu halten oder die Verantwortung anderen zu überlassen, führt meistens dazu, dass die Ponys zu kurz kommen. Das kann zur Folge haben, dass sie im Umgang schwierig werden und nicht mehr fürs Reiten oder Fahren zu nutzen sind, wofür man sie eigentlich angeschafft hat. Wer ein Pony zum Anschauen haben möchte, unterfordert es, es sei denn, man hat eine Herde, die auf großen, kargen Flächen artgerecht gehalten wird. Nicht zu vergessen ist auch das Geld, das artgerechte Pferdehaltung und Nutzung kostet. Shettys sind in der Anschaffung meist billiger als große Pferde und brauchen weniger Futter und weniger Platz – Ausrüstung, Hufschmied und Tierarzt aber kosten genau so viel wie bei den Großen.

Und weil sie so klein sind, ist manches sogar teurer. Ihr Pferdeanhänger muss umgebaut werden, damit die Kleinen sicher transportiert werden können; und einen Hufschmied zu finden, der manchmal kniend die kleinen Hüfchen mit extra kleinen Hufeisen und extra kleinen Nägeln beschlägt, ist nicht leicht. Man zahlt ihm entweder genau so viel wie für ein großes Pferd, oder sogar mehr, weil es einfach mehr Arbeit macht. Allerdings kann man sich auch das große teure Geländeauto sparen.

Ein Shetland-Pony ist als Rasenmäher viel zu schade!
Foto: Christiane Slawik

Ein Aluminium-Pferdeanhänger mit zwei Shetland-Ponys wiegt nicht mehr als 900 Kilo und kann ohne Weiteres auch von einem kleineren Auto gezogen werden.

Noch eine Überlegung ist das Verreisen wert. Was machen Sie mit Ihrem Shetty, wenn Sie in Urlaub fahren? Haben Sie jemanden, der es versorgt und der auch erkennt, wenn etwas nicht in Ordnung sein sollte? Sie können natürlich auch Urlaub mit Ihrem Shetty planen – Kutsche fahren, dort wo's schöne Wege gibt, oder eine Wanderfahrt mit anderen Kutschfahrern unternehmen. Bei frühzeitiger Vorbereitung und Organisation und guter Ausrüstung ein Riesenspaß!

Bedenken Sie aber auch, dass ein Shetty sehr alt werden kann und der Verkauf eines Shettys für das Tier eine ungewisse Zukunft bedeuten kann. Wenn Sie sich also für ein Shetty entscheiden, planen Sie so weit voraus wie möglich, damit es die Chance hat, bei Ihnen alt zu werden.

Wenn Sie alle diese Punkte bedacht und Lösungen gefunden haben und bereit sind, Arbeit, Zeit und Geld aufzuwenden, werden Sie nach einem wohl überlegten Shettykauf sicherlich viel Freude an Ihrem neuen Familienmitglied haben.

Die Ponys brauchen Pferdekameraden – nicht nur zur Fellpflege.
Foto: Dorothee Dahl

WEDER RASENMÄHER NOCH KINDERSPIELZEUG

Ein Shetland-Pony als Rasenmäher zu kaufen, ist in vielerlei Hinsicht ein Unding. Wer einen so großen Rasen hat, dass die Auslauffläche für ein Shetty ausreichen würde, müsste diesen erst einmal einzäunen und hätte dann in kürzester Zeit eine veräppelte und zertrampelte Matschwiese, die unansehnlicher und pflegebedürftiger ist, als wäre sie mit einem herkömmlichen Rasenmäher bearbeitet worden. Ein Shetty auf einer kleinen Wiese hätte seine Tätigkeit als Rasenmäher bald erledigt und würde dick und rund auf seine nächste Aufgabe warten. Ein kleines, lernwilliges Shetland-Pony ist als Rasenmäher viel zu schade! Es braucht eine ordentliche Aufgabe und vor allem nicht zu viel Gras.

Und dass ein Shetland-Pony kein Kinderspielzeug, sondern ein kleines Pferd mit großen Ansprüchen ist, zeigen die vielen Shetland-Ponys, die immer wieder abgegeben werden, weil man den Umgang und die Haltungsvoraussetzungen unterschätzt hat. Wenn Ihre Kinder ponybegeistert sind, kann der Besuch eines gut geführten Ponyhofes oder vielleicht Reiterferien mit der ganzen Familie mehr Spaß bringen als der Besitz eines eigenen Ponys.

HERDENTIERE: NIEMALS ALLEIN

Wenn Sie erwägen, ein Shetland-Pony anzuschaffen und keine anderen Pferde oder Esel besitzen, dann denken Sie am besten gleich doppelt! Denn ein Herdentier wie das Pferd braucht natürlich eine Herde, und ist sie auch noch so klein. Beim Rudeltier Hund, das in unserem Haus lebt, können wir Menschen bis zu einem gewissen Grad das Hunderudel ersetzen und uns sogar wie Rudelmitglieder verhalten. Beim Herdentier Pferd müssen die Herdenmitglieder so genannte Equiden sein, das sind die pferdeartigen Tiere wie zum Beispiel Esel und Maultier. Wenn Sie einmal gesehen haben, wie Pferde miteinander umgehen, wird Ihnen sicherlich klar, dass wir einen Pferdekumpel nicht ersetzen können. Sozialverhalten, Fellpflege und wichtiger Körperkontakt tragen nicht nur zum Wohlbefinden des Pferdes, sondern vor allem zu einem ausgeglichenen Verhalten bei, das wichtig wird, wenn wir Menschen mit dem Pferd umgehen wollen.

Eine Ziege oder ein Schaf, die man häufig als Shettygesellschaft antrifft, ist zwar besser als gar nichts, die beiden sprechen aber eine völlig andere Sprache und der Sozialkontakt mit der gleichen Art fehlt trotzdem.

Zwei Shetlandponys machen nicht viel mehr Arbeit als eins und es ist dazu noch schön anzusehen, wie die Ponys miteinander umgehen. Aber auch die gemeinsame Haltung mit einer anderen Pferderasse ist kein Problem, es ist immer wieder erstaunlich, wie die Kleinen mit den Großen mithalten können.

Billy, unser erstes Shetland-Pony, stand eine Zeit lang in einer Herde mit fünfzehn Islandwallachen und war nach kürzester Zeit an der zweiten Stelle der Rangordnung angelangt. Manchmal gelang es ihm sogar, unter Zäunen herzukriechen, hinter denen die Isländer stehen bleiben mussten, während er die frische Nachbarwiese antestete.

Hund und Shetty können lernen, sich zu verstehen, ein Ersatz für Artgenossen sind sie jedoch nicht.
Foto: Christiane Slawik

*Das ist nichts für schwache Nerven: Es geht schon manchmal ziemlich ruppig zu, wenn die Ponys ihre Rangordnung abklären.
Foto: Christiane Slawik*

Natürlich müssen sich die neuen Herdengenossen verstehen. Sie sollten, möglichst mit Hilfe eines bereits erfahrenen Pferdehalters, aneinander gewöhnt werden. Wenn sie beispielsweise einige Tage in zwei getrennten Paddocks nebeneinander stehen und sich schon einmal beschnuppern können, kann man bereits beobachten, ob sie sich nach anfänglichen Kebbeleien wieder beruhigen. Wenn man sie nach dieser Gewöhnungszeit ohne andere Pferde auf eine gut eingezäunte Weide bringt, kann man davon ausgehen, dass sie auf Pferdeart die Rangordnung abklären, was bei Pferden meistens mit Beißen und Ausschlagen einhergeht, bis auf kleine Macken aber fast immer gut endet, wenn sie genügend Platz haben, sich auszuweichen.

Gehen Sie nicht gleich dazwischen, weil Sie denken, die Pferde verstünden sich nicht, wählen Sie aber zum Kennenlernen einen großen Auslauf oder eine Wiese, auf der es Bäume oder vielleicht ein Stallgebäude gibt, wo sich ein Pferd verstecken kann. Ecken oder enge Durchgänge, in die ein Pferd gedrängt werden kann und aus denen es nicht mehr herauskommt, darf es aber nicht geben.

Es müssen ja nicht gleich zehn sein ...
Foto: Christiane Slawik

Wenn Sie die Tiere füttern, beachten Sie bitte eine Individualdistanz von etwa elf Metern, die das einzelne Pferd braucht, um in Ruhe fressen zu können. Wenn die Tiere sich gut verstehen, fressen sie auch mit einem viel geringeren Abstand. Bei einer größeren Herde und rangniedrigeren Tieren muss aber unbedingt beim Füttern für diesen Abstand gesorgt werden.

Füttern Sie nie einzelne Tiere aus einer Herde, sondern alle oder keinen. Auch ein heimlich gegebener Leckerwürfel kann dem gefütterten Tier sofort Prügel vom Rest der Herde einhandeln, was sicherlich nicht Ihre Absicht ist.

Wenn Sie also auf die Suche nach Ihrem Traumpony gehen, suchen Sie am besten gleich ein passendes zweites aus. Und: zweispännig Kutsche fahren macht noch mehr Spaß!

ZÜCHTER ODER PFERDEMARKT: WO MAN ÜBERALL SHETTYS KAUFEN KANN

Auch wenn es einem fast das Herz bricht: All die armen Ponys auf einem Pferdemarkt kann man doch nicht retten und wenn man so ein zerzaustes Tier per Handschlag gekauft hat, weiß man noch nicht, wen man da mit nach Hause nimmt. Wenn Sie Freude an einem gesunden und wohlerzogenen Shetland-Pony haben möchten, schlagen Sie sich Mitleidskäufe am besten gleich aus dem Kopf. Viele Leute werden immer wieder unüberlegt mit ihren Shettys für Nachwuchs sorgen, sich vielleicht ein Weilchen an dem hübschen Fohlen erfreuen und es anschließend auf einen Pferdemarkt bringen, um es dort loszuwerden. Was dann mit den kleinen Kerlchen geschieht, ist diesen Verkäufern egal, sie freuen sich über das Knistern der Geldscheine in ihrer Tasche und haben auf dem nächsten Pferdemarkt sicher wieder ein Pony, das sie anbieten können. Und es ist wirklich traurig, was man da sieht: ungepflegte, viel zu lange Hufe, hustende, zuweilen sogar dämpfige Ponys, unbehandeltes Sommerekzem, Fehlstellungen der Beine, sehr alte oder viel zu junge Ponys – und der Wagen des Schlachters steht meist einige Straßen weiter. Kaufen Sie Ihr Shetty niemals aus Mitleid und niemals auf einem Pferdemarkt. Wenn dort keiner mehr Pferde kauft, wird es solche schrecklichen Veranstaltungen, die manchmal noch mit einer lauten Kirmes kombiniert sind, nicht mehr geben.

Kaufen Sie Ihr Shetty bei einem erfahrenen Shetland-Pony-Züchter, der schon die Mutterstute während der Tragezeit optimal betreut

Was auf den ersten Blick witzig aussieht, ist für das Pony vermutlich weniger schön.
Foto: Christiane Slawik

Da braucht man viel Geduld: Ein Shettyfohlen muss erst zu einem mindestens drei Jahre alten Pony heranwachsen, bevor man anfangen kann, mit ihm zu arbeiten.
Foto: Christiane Slawik

hat. Sie können davon ausgehen, dass das Fohlen mit anderen Ponys seines Alters im Herdenverband aufwächst, ein gutes Sozialverhalten entwickelt und schon als junges Pferd im Kontakt mit dem Menschen nützliche Dinge wie Hufe geben, am Halfter laufen und vielleicht sogar das Verladen in einen Pferdeanhänger lernt. Ein guter Shettyzüchter wird Ihnen auch nach dem Kauf mit Rat und Tat zur Seite stehen und Ihnen vielleicht auch bei der Ausbildung des Ponys behilflich sein oder Ihnen gute Ausbildungsstätten nennen können. Sie haben die Möglichkeit, die Elterntiere zu besichtigen und erfahren alles über den Charakter und die Besonderheiten des von Ihnen ausgewählten Tieres. Meistens haben Sie auch die Auswahl aus mehreren Ponys und die Chance, gemeinsam mit dem Züchter bereits ausgebildete Shettys auszuprobieren.

In jedem Fall sollten Sie eine Ankaufsuntersuchung durch einen von Ihnen ausgewählten Tierarzt durchführen lassen, um sicher zu gehen, dass Ihr zukünftiges Pony auch gesund ist. Die Kosten müssen Sie übernehmen, auch wenn die Ankaufsuntersuchung erweisen sollte, dass das Pony Krankheiten hat, die Sie davon abhalten könnten, es zu kaufen. Trotzdem sollte Ihnen diese eingehende Untersuchung das Geld wert sein. Schließlich können Sie bei einem gesunden Pony davon ausgehen, dass es nicht gleich jede Menge unvorhergesehene Tierarztkosten verursacht. Adressen von seriösen Shetland-Pony-Züchtern erfahren Sie bei der IG Shetland, deren Adresse Sie dem Anhang dieses Buches entnehmen können.

Wenn Sie auf eine Anzeige in der Tageszeitung oder in einer Pferdezeitschrift reagieren, ist es ratsam, sich Zeit zum Aussuchen zu nehmen und ebenfalls eine Ankaufsuntersuchung durchführen zu lassen. Alles, was Ihnen der Verkäufer verspricht, sollten Sie selbst ausprobieren können. Die beste Möglichkeit und ein gutes Zeichen für einen vertrauenswürdigen Verkäufer ist der Kauf auf Probe. Schließen Sie einen Kaufvertrag, in dem eine Probezeit vereinbart wird, in der Sie das Pony ohne Angabe von Gründen zurückgeben können.

EGAL WELCHES? VON HENGSTEN UND STUTEN, VON FOHLEN UND ALTEN PFERDEN

Natürlich ist ein Shettyfohlen süß und ein kleiner Hengst beeindruckend, aber es kommt natürlich ganz darauf an, was Sie mit Ihrem Shetland-Pony vorhaben.

Ein Shetland-Pony ist spät reif, so dass Sie es frühestens mit drei Jahren einfahren und mit vier Jahren einreiten sollten. Wer die Möglichkeit hat, ein abgesetztes Fohlen mit gleichaltrigen Ponys zu halten und Geduld hat, die Jahre abzuwarten, der bekommt sicherlich zu seinem Shetty, das er aufwachsen sieht, einen ganz besonderen Kontakt.

Er kann mit ihm auch schon vor der eigentlichen Ausbildung alle Vorübungen machen, die das Pony nicht überfordern, sondern es langsam an die spätere Arbeit heranführen. Wer aber gleich loslegen

EIN SHETTY FÜR DIE GANZE FAMILIE

So ein Shetty-Hengst ist schon imposant, erfordert aber viel Erfahrung und optimale Haltungsbedingungen.
Foto: Christiane Slawik

möchte und vielleicht noch wenig Pferdeerfahrung hat, kauft besser ein ausgebildetes Shetlandpony, das seiner Aufgabe schon gewachsen ist.

Das Halten, Reiten und Fahren von Shettyhengsten sollte nur erfahrenen Shetland-Pony-Kennern vorbehalten sein. Ein Hengst erfordert besondere Haltungsbedingungen, die unter normalen Umständen nur schwierig zu realisieren sind, vor allem dann, wenn sie pferdegerecht sein sollen. Damit ein Hengst ausgeglichen und zufrieden ist, muss er die Möglichkeit bekommen, Stuten zu decken und eine kleine Herde zu haben. Dann kann ein Hengst, vor allem im professionellen Fahrsport, herausragende Leistungen erbringen, die meist über die von Wallachen und Stuten hinausgehen. Auch diese eignen sich hervorragend für das Reiten und Fahren, werden aber Höchstleistungen erwartet, muss berücksichtigt werden, dass Stuten, bedingt durch ihre Rosse, nicht immer gleich bleibende Leistungen bringen und Wallache nicht immer so viel Einsatz und Ausstrahlung zeigen wie ein Hengst.

*Wenn das Pony die Chance bekommt, bei seinen Besitzern alt zu werden, wird es zum ganz besonderen Familienmitglied.
Foto: Christiane Slawik*

sche oder im Gelände unter dem Sattel sind bei einem gesunden älteren Pferd kein Problem, Kutschenkorsos von dreißig Kilometern sollten Sie einer Shettyoma oder einem Shettyopa aber ersparen. Und bei einem älteren Pferd kommt wahrscheinlich auch die Zeit, in der Sie es nicht mehr nutzen können. Trotzdem kann es sehr schön sein, ein altes Pony an seinem Lebensabend gut zu pflegen und vielleicht noch kleine Spaziergänge mit ihm zu unternehmen, die es sicherlich genauso genießen wird wie Sie.

KLEIN UND BILLIG?

Im Gegensatz zu den Preisen für große Pferde erscheinen einem die Preise für Shetland-Ponys schon sehr niedrig. Ein paar hundert Mark und Sie können auf dem Pferdemarkt ein Shetty ohne Papiere sofort mitnehmen. Wenn ein seriöser Shetland-Pony-Züchter seine Tiere gewissenhaft aufgezogen und auf Schauen vorgestellt hat, oder wenn ein Shetland-Pony bereits eingeritten oder eingefahren ist, müssen Sie schon ein wenig mehr auf den Tisch legen. Gute Zuchtstuten kosten etwas mehr als Wallache, ein im Turniersport gefahrener, vielleicht auch gekörter Shettyhengst kostet manchmal so viel wie ein gerittenes großes Pferd. Die

*Eine Extra-Latte und eine Extra-Elektrozaun-Litze sind notwendig, damit die Zwerge nicht unter dem Zaun durchkriechen.
Foto: Dorothee Dahl*

Sucht man aber ein Pony für die ganze Familie, zum Reiten für die Kinder oder zur gemütlichen Kutschfahrt, eignen sich zur problemlosen Haltung Wallache und Stuten am besten.

Shettys können bei guter Haltung bis zu 35 Jahre alt werden, so dass mitunter auch alte Shettydamen und Shettyherren zum Kauf angeboten werden. Für Anfänger können diese Oldies sicher noch gute Lehrmeister sein und beim Anlernen von jungen Pferden hat sich ein älteres, erfahrenes Pferd im Zweispann oder als Begleitung schon häufig bewährt. Bedenken Sie aber, dass Sie einem älteren Pferd auch nicht mehr zu viel zumuten können. Kleine Runden mit der Kut-

Anschaffungskosten sollten aber für die Entscheidung zum Kauf eines Shetland-Ponys nicht ausschlaggebend sein. Denn wer hätte gedacht, dass zum Beispiel ein gut sitzendes Fahrgeschirr für ein Shetland-Pony oft wegen der geringen Größe maßangefertigt sein muss und damit sehr viel mehr kostet als ein gutes Großpferdegeschirr von der Stange? Oder, dass die Zäune oft noch eine Extra-Latte oder Extra-Elektrozaunlitze bekommen müssen, weil die Kleinen sonst untendrunter durchkriechen? In der artgerechten Robusthaltung brauchen Shetland-Ponys zwar weniger Futter als ihre größeren Artgenossen, die Haltungskosten sind aber insgesamt mit denen für Norweger oder Isländer vergleichbar.

Kaufen Sie also kein Shetland-Pony, weil es so vermeintlich günstig ist, sondern weil diese besondere Rasse Sie fasziniert.

DAS NEUE FAMILIENMITGLIED ZIEHT EIN: GUTE VORBEREITUNG IST ALLES

Das Shetty ist gekauft und der Tag, an dem es abgeholt werden kann, steht fest. Jetzt heißt es, alle Vorbereitungen für einen guten gemeinsamen Start zu treffen. Für das kleine Pferd wird dieser Tag mindestens genauso aufregend sein wie für Sie. Es muss seine gewohnte Umgebung und vielleicht sogar seine Mutter verlassen, wird wahrscheinlich verladen und muss sich an eine neue Umgebung, neue Menschen und Pferde gewöhnen. Umso wichtiger ist es, sich an diesem Tag besonders viel Zeit zu nehmen und das Shetty morgens zu holen, damit es einen ganzen Tag Zeit hat, sich bei Tageslicht an die neue Umgebung zu gewöhnen. Wenn Sie das Pony mit dem Pferdeanhänger abholen, nehmen Sie wenn möglich ein erfahrenes Pony mit, damit es während der Fahrt nicht alleine ist. Oder bitten Sie den Züchter, Ihnen das Pony gemeinsam mit einem

Neuer Stall und neue Freunde, das muss man sich erst mal in Ruhe von weitem ansehen dürfen.
Foto: Christiane Slawik

Nicht immer ergibt das erste Kennenlernen so ein harmonisches Bild.
Foto: Christiane Slawik

bekannten Pony zu bringen. Das Verladen muss in aller Ruhe vorher geübt werden und nicht am Tag der Übergabe zum ersten Mal stattfinden. Schließlich soll Ihr Pony ja nicht gleich schlechte Erfahrungen mit dem Pferdeanhänger machen.

Wenn das Pony ausgeladen ist, braucht es einen Auslauf, in dem es alleine steht, aber über den Zaun Kontakt mit einem anderen friedlichen Pferd haben kann. In diesem Auslauf muss es Schutz gegen Regen und Wind sowie eine trockene Stelle zum Liegen vorfinden. Lassen Sie Ihr neues Pony erst einmal dort in Ruhe ankommen. Auf keinen Fall sollte am ersten Tag geritten, gefahren, oder andere Dinge mit dem Pony unternommen werden.

Wenn Sie merken, dass das Pony sich beruhigt hat und zufrieden an seinem Heu kaut, kann eine Person ruhig zu dem Pony gehen und es ein wenig striegeln, um vorsichtigen Kontakt herzustellen. Diese Person sollte sich auch in den nächsten Tagen um das Pony kümmern und auch dabei sein, wenn es mit einem oder mehreren Pferden in einen Auslauf oder auf die Weide kommt. Kauft man zwei Ponys, die sich bereits kennen, macht das die Sache natürlich einfacher.

Warten Sie noch einige Tage ab, bevor Sie beginnen, mit dem Pony zu arbeiten.

Fangen Sie mit kleinen Dingen wie einem Spaziergang oder Bodenarbeit an, um sich gegenseitig kennen zu lernen. Und arbeiten Sie in der ersten Zeit nicht zu lange mit Ihrem Pony, damit es Spaß an der Arbeit behält. Sorgen Sie dafür, dass Sie das gewohnte Futter vorrätig haben, bevor das Pony kommt und wichtiges Zubehör wie Halfter, Anbindestrick und Putzzeug nicht erst besorgen müssen, wenn das Pony schon da ist. Dann haben Sie Zeit, sich ganz Ihrem neuen Familienmitglied zu widmen, das Sie sicher bald in Ihr Herz geschlossen haben werden.

Ein langes Leben durch Artgerechte Haltung

Domestizierte Haustiere, die wir für unsere Zwecke nutzen, können natürlich nur bedingt artgerecht gehalten werden, da wir ihren natürlichen Lebensraum allein schon des Platzes wegen einschränken müssen. In der Haltung aller Tiere sollten wir aber immer versuchen, den natürlichen Lebensbedürfnissen so nah wie möglich zu kommen. Nicht alles, was wir Menschen brauchen und angenehm finden, trifft auch auf die Tiere zu. Um ein Shetland-Pony weitgehend artgerecht halten zu können, müssen wir wissen, was es braucht, um sich bei uns wohl zu fühlen.

Ein Pferd in der Box ist wie ein Schäferhund in der Sprudelkiste

Diesen weisen Spruch hat, so oder so ähnlich, die Laufstallarbeitsgemeinschaft geprägt, die seit vielen Jahren versucht, allen Pferdehaltern deutlich zu machen, dass kein Pferd in eine Einzelbox, womöglich noch mit Gitterstäben, gehört, in der es daran gehindert wird, seinem natürlichen Bedürfnis nach Bewegung, Körperkontakt und Sozialkontakt mit Artgenossen nachzukommen, ganz zu schweigen von der Tatsache, dass meist Licht und Luft auch noch fehlen.

Gott sei Dank hat die Laufstallarbeitsgemeinschaft Erfolg und kann immer wieder neue Ställe prämieren, die sich von alten Haltungsformen verabschiedet und auf dem Wege zu einer nahezu artgerechten Haltung gute Lösungen gefunden haben. Trotzdem gibt es

Dieses Shetty schaut sich eine Box lieber nur von außen an.
Foto: Christiane Slawik

ARTGERECHTE HALTUNG

SHETLAND-PONYS

Platz, frische Luft, ein trockener Liegeplatz und Artgenossen sind gute Voraussetzungen für eine weitgehend artgerechte Haltung im Offenstall. Foto: Christiane Slawik

noch jede Menge Überzeugungsarbeit, die geleistet werden muss. Wir haben uns so an den Anblick von Pferden in der Box gewöhnt, dass wir denken, dies sei normal.

Wie also halten wir nun unser Shetland-Pony artgerecht? Und was ist überhaupt artgerecht? Wenn wir Pferde nutzen, sie dafür gezähmt haben und auf vergleichsweise kleinem Raum halten, ist das eigentlich schon nicht mehr artgerecht für Steppentiere, die sich auf Quadratkilometern bewegten, bevor wir sie auf unsere Wiesen geholt haben. Aber wenn wir versuchen, im Rahmen unserer Möglichkeiten unsere Pferde so artgerecht wie möglich zu halten, haben wir für die Pferde schon einiges erreicht. Und das alles gilt nicht nur für Shetland-Ponys. Sie gehören zwar zu den Robustpferderassen, die bezüglich des Wetters und der Fütterung andere Ansprüche haben, grundsätzlich gelten aber für alle Pferderassen die Voraussetzungen, die sie in ihrem Ursprungsland vorgefunden haben. Die Shetland-Inseln, mit weiten Flächen, karger Vegetation und rauem Klima, als Herkunftsort unserer Shetland-Ponys zeigen uns, dass die Haltung auch nach Generationen hier gezogener Ponys diesen Gegebenheiten angemessen sein sollte. Unsere stark eiweißhaltigen grünen Wiesen führen häufig zu überfetteten Shettys, die von Hufrehe und Sommerekzem geplagt ihr Dasein fristen.

So müssen wir, um dies zu vermeiden, für einen ausreichend großen Auslauf sorgen, in dem wir dosiert füttern können. Am besten eignet sich dazu ein so genannter Paddock, ein sicher eingezäunter, möglichst befestigter Platz, auf dem ein geeigneter Schutz vor Regen, Sonne und Wind mit einer trockenen Liegefläche vorhanden ist.

Dieser Paddock sollte so groß sein, dass mindestens zwei Shettys unter Berücksichtigung der Individualdistanz den Schutz und die trockene Liegefläche nutzen und in Ruhe fressen können und in dem sie die Möglichkeit haben, sich zu wälzen, zu spielen und auch eine Runde zu galoppieren. Idealerweise hat hier der optimale Offenstall Schutzfunktion (wissenswerte Informationen, auch zum Bau von geeigneten Offenställen, bietet das ebenfalls im Cadmos-Verlag erschienene Buch *Handbuch-Offenstall* von Erika Bruhns. Eine von der Wetterseite abgewandte, zu drei Seiten geschlossene Schutzhütte, mit schräg abfallendem Dach reicht aber auch aus, sofern gewährleistet ist, dass eine ausreichend große, trockene Liegefläche vorhanden ist, die problemlos entmistet werden kann.

*Diese Platten können sogar ohne Unterbau im Matsch verlegt werden. Sie werden mit Schotter aufgefüllt und gewährleisten dann einen trockenen Auslauf.
Foto: Jürgen Dahl*

*Aus zwei großen Straßenbesen, einem Winkel und einem Holzpfahl kann man eine gute Kratzmöglichkeit für die Ponys leicht selber bauen.
Foto: Jürgen Dahl*

Als hervorragender, pflegeleichter Belag für die Schutzhütte und den Paddock haben sich Drainagematten und Pflastersteine aus Recycling-Gummi bewährt. Eine Einstreu mit Stroh oder Sägespänen ist nicht erforderlich, die Ponys liegen auf dem Gummiboden warm und bequem und das Klappern der Hufeisen ist nicht zu hören, was bei Ponyhaltung in Nachbarnähe nicht zu unterschätzen ist. Wenn man allerdings einen Paddock hat, der so groß ist, dass die Ponys darin galoppieren können, ist das Gummipflaster eine sehr teure Angelegenheit. Es gibt inzwischen einige Anbieter von sehr guten Paddockmatten, die mit Schotter aufgefüllt werden und einen immer trockenen Auslauf gewährleisten, der leicht entmistet werden kann. Alle diese Dinge sind in der Anschaffung nicht ganz billig, vereinfachen aber die Arbeit rund um die Ponys wesentlich und sehen gepflegt aus.

Außerdem ist es wichtig, den Paddock so abwechslungsreich wie möglich zu gestalten, damit sich die Ponys nicht langweilen und sich keine Unarten angewöhnen. Machen wir unseren Ponys das Leben nicht allzu einfach! Wenn zum Beispiel der Wassertrog nicht neben der Futterstelle steht, müssen die Ponys hin- und herlaufen, um zu trinken. Auf diesem Weg kann man ihnen kleine Hindernisse in den Weg legen, beispielsweise dicke Weidenäste, von denen sie in jeder freien Minute auch gerne die Rinde abknabbern. Ein Kratzpfahl mit zwei festen Straßenbesen wird, vor allem im Fellwechsel, gerne benutzt, eine kleine Fahne aus einem Stock und einem Stück Plastikplane, die im Wind flattert, gewöhnt unsere Ponys schon einmal an das, was einem so unterwegs begegnen kann.

Aus dem Paddock können die Ponys nun dosiert auf die Wiese gelassen werden. Im Idealfall handelt es sich um eine vielfältige, naturnahe Wiese, die mit einer Mischsaat für Pferde eingesät ist und ausgewogen und stickstoffarm gedüngt wurde. Mindestens zwei Bereiche sollten wir abtrennen, damit immer wieder ein Weideteil ruhen kann. Abtrennen müssen wir immer mit mehreren, gut sichtbaren dicken Elektrozaunlitzen, die Umzäunung muss ausbruchsicher sein und sollte aufgrund der möglichen Verletzungsgefahr niemals aus Stacheldraht bestehen. Eine Einzäunung mit Holz und Elektrozaunlitzen hat sich bei Shettys, die gerne unter niedrigen Zäunen hindurchkriechen, bestens bewährt. Dies ist aber die aufwendigere und teurere Lösung. Ein glatter Draht kann mit zwei Litzen Elektrozaun zusätzlich gesichert werden, im Übrigen gibt es von den verschiedenen Anbietern von Zaunsystemen optimale, meist sogar mobile Lösungen, die, einmal angeschafft, auch bei unterschiedlichen Weidemöglichkeiten variabel zum Einsatz kommen können.

Um Verwurmung der Ponys und einseitigen Bewuchs zu vermeiden, sollten die Pferdeäpfel regelmäßig von der Weide entfernt werden. Im Kapitel über das Futter erfahren Sie mehr über Gras und wie viel den Shettys davon zur Verfügung stehen sollte. In jedem Fall ist es günstig, eine kahl gefressene Weide zu haben, auf der sich die Ponys ausreichend bewegen können, ohne zu fett zu werden und zu viel Eiweiß zu sich zu nehmen. Wenn Sie pro Shetty etwa 800 Quadratmeter zur Verfügung haben und das ganze Jahr Heu und bei Bedarf Leistungsfutter zufüttern, kommen Sie damit gut aus. Auch auf der Weide muss es unbedingt die Möglichkeit für die Ponys geben, sich vor Sonne, Wind und Regen zu schützen.

SHETLAND-PONYS

Laufen, ein Urbedürfnis, tief verwurzelt in der Natur der Pferde.
Foto: Christiane Slawik

FERNWANDERWILD: WARUM LAUFEN SO WICHTIG IST

Herbert Fischer, ein erfahrener Wanderreiter der Deutschen Wanderreiter Akademie, hat den Begriff des Fernwanderwilds erwähnt, der in einem Wort deutlich macht, wie sehr die Bewegung in der Natur der Pferde verwurzelt ist.

Wir Menschen aber sperren dieses Fernwanderwild in enge Boxen, nehmen ihm damit die Möglichkeit, seinem Urbedürfnis des Laufens nachzukommen und wundern uns, wenn unsere Pferde aus dem seelischen und körperlichen Gleichgewicht geraten. Die Folgen dieser Haltung versuchen wir mit Medikamenten, Hilfsmitteln oder anderen komplizierten Lösungsansätzen zu behandeln.

Dabei wäre vieles viel einfacher, wenn wir das Urbedürfnis unserer Pferde, das Laufen, voranstellen würden. Nicht eine Stunde am Tag, sondern meistens langsam und stetig auf der Suche nach Futter, am Tag und in der Nacht. Hier spielt es keine Rolle, ob es sich um ein Shetland-Pony oder ein großes Pferd handelt, nur der Platz, der den Tieren minimal zur Verfügung stehen muss, orientiert sich an der Größe der Tiere. Grundsätzlich gilt aber auch für die Shetty-Laufmöglichkeiten: Je weitläufiger und abwechslungsreicher und je größer das Gelände ist, auf dem sich die Tiere bewegen können, desto besser. Nicht jeder hat die Möglichkeit, riesige Wiesen zu pachten, auf denen sich seine Pferdeherde artgerecht bewegen kann; bei den Kompromissen, die wir machen müssen, sind die Empfehlungen in der Literatur über Weide und Auslaufgrößen aber grundsätzlich als Mindestmaße anzusehen, die in jedem Fall weit über die Maße einer Einzelbox hinausgehen. Wenn Sie viel Land zur Verfügung haben und Ihrem Fernwanderwild wirklich Wanderfläche zur Verfügung stellen können, muss diese Fläche natürlich gepflegt werden. Auf mehreren Hektar wird das Pferdeäpfel einsammeln unmöglich und ist auch weniger nötig als auf einer kleinen Wiese, trotzdem ist eine gute Umzäunung und Wechselbeweidung, wenn möglich durch Rinder oder Schafe, unabdingbar.

FUTTER

Heidekraut, Seetang und wenig Gras reicht den frei lebenden Ponys auf den Shetland-Inseln auch nicht immer, durch natürliche Auslese überleben nur die Zähesten, es sei denn, sie werden von den Menschen zugefüttert. Die Situation bei Shetland-Ponys in der Obhut des Menschen ist anders. Das Futter kann den Grundbedürfnissen und der Leistung angepasst werden, kein Pony muss sterben, weil es im Winter nichts zu fressen gibt.

Eiweißarm und mineralstoffreich

Das natürliche Futterangebot für Rassen wie Shetland-Ponys, Isländer, Connemaras und andere Rassen, die sich in kargen Gebieten ihr Futter selbst suchen müssen, ist im Vergleich zu unseren Wiesen und den üblicherweise angebotenen Kraftfuttersorten deutlich eiweißärmer. Dies müssen wir also bei der Fütterung der oben genannten Rassen zugrunde legen, um Erkrankungen wie Hufrehe und Sommerekzem, die unter anderem durch einen Überschuss an Eiweiß begünstigt werden, vorzubeugen. Also müssen wir bei frischen, fetten Weiden, vor allem im Frühjahr, den Weidegang drastisch reduzieren. Drastisch heißt bei Shetland-Ponys: höchstens ein bis zwei Stunden Weidegang täglich. Wenn die Möglichkeit besteht, die Ponys sogar zweimal täglich eine halbe bis eine Stunde auf die Wiese zu lassen, können wir die Aufnahme des Grünfutters optimal in unseren Fütterungsplan miteinbeziehen. Handelt es sich um eine bereits von anderen Tieren abgefressenen Auslaufweide, sollten wir berücksichtigen, dass wir dann vor allem im Bereich der Mineralstoffe noch ausgleichen müssen. Zum Knabbern und als Vitamin- und Mineralstoffspender können wir unseren Ponys abgeschnittene Obst-, Birken-, Eichen-, Weiden- oder Haselnusszweige in den Paddock legen, wobei wir aufpassen müssen, dass wir unseren Ponys keine giftigen Gehölze servieren (Eibe, Akazie, Liguster, Ziersträucher und andere). Zusätzlich gibt es gute, bereits fertige Mischungen von Mineralfutter, mit denen wir das Futter täglich ergänzen können. Ein Salz- und Mineralleckstein sollte immer zur Verfügung stehen. Überdacht aufgehängt überlebt so ein Leckstein auch Sommerregen und Winterstürme.

Den Weidegang ergänzen wir, vor allem im Winter, mit Raufutter. Hier ist einwandfreies Heu die beste Lösung, da Grassilage häufig zu stark vergoren ist und ein Silageballen in wenigen Tagen aufgebraucht werden muss. Außerdem können im Winter Äpfel (wenig), Futtermöhren und Futterrüben (keine Zuckerrüben) in kleinen Mengen zugefüttert werden. Vorsicht mit Rübenschnitzeln, diese müssen unbedingt vorher eingeweicht werden, da sie sonst im Magen quellen und eine schwere Kolik verursachen können. Schimmelfreies Brot kann zwischendurch als Leckerbissen oder Belohnung gefüttert werden, ist aber kein Grundfutter für unsere Shetland-Ponys.

Wer so fleißig arbeitet, verdient sein Kraftfutter!
Foto: Christiane Slawik

Wer arbeitet, braucht Kraftfutter

Jedes Pferd, auch das kleinste, das Leistungen erbringen muss, braucht Kraftfutter.

Dieses so genannte Leistungsfutter wird gemessen an den tatsächlichen Leistungen gefüttert. In jedem Fall sollte hier ein vitamin- und mineralstoffreiches und ebenfalls eiweißarmes Futter gegeben werden. Ihr Shetty braucht also ein anderes Kraftfutter als das Hochleistungsspringpferd Ihrer Nachbarn. Im Anhang sind zwei Firmen erwähnt, die ein spezielles, eiweißarmes Futter für Rassen wie zum Beispiel Isländer herstellen. Dieses können Sie problemlos auch an Ihr Shetland-Pony verfüttern.

Pro geleisteter Arbeitsstunde können Sie bei einem Shetland-Pony von einer Kraftfuttergabe von ungefähr einem halben Pfund ausgehen. Wenn Sie das Pony regelmäßig trainieren, sollte die Kraftfuttergabe morgens und abends erfolgen und eine Ruhezeit von mindestens einer Stunde nach der Fütterung eingeplant werden, bevor Sie mit Ihrem Pony arbeiten. Tragende und säugende Stuten sowie abgesetzte Fohlen benötigen ebenfalls ein zusätzliches Kraftfutter, auch wenn sie nicht gearbeitet werden.

VIER JAHRESZEITEN: SINNVOLLE FELLPFLEGE

Frühling, Sommer, Herbst und Winter und das alles ohne Jacke! Macht nichts, ein Shetland-Pony-Fell ist Gold wert, vor allem, wenn man es so lässt, wie es ist. Schnipseln Sie nicht daran herum, ein Shetty ist kein Barbie-Pferd!

Regen, Wind und Sonne: Warum die vielen Haare so wichtig sind

Die Robustpferderassen bringen zum Schutz vor Regen, Wind und Sonne schon ein ausgeklügeltes System mit, dessen Balance wir nicht durch unsinnige Eingriffe stören dürfen. Schopf, Mähne und Schweif bieten, wenn man sie in ihrer vollen Länge wachsen lässt, einen optimalen Schutz gegen Fliegen im Sommer und dienen bei Regen und Schnee als eine Art Regenrinne, die das Wasser ablaufen lässt. Umso wichtiger ist es daher, nur die Haarspitzen zu kürzen, so dass die Schopfhaare nicht in die Augen kommen, sondern

Bloß nicht abschneiden: Die vielen Haare sehen nicht nur schön aus, sondern erfüllen auch einen sinnvollen Zweck.
Foto: Dorothee Dahl

Das Eindecken der Ponys nach der Arbeit ist nur bei verschwitzten Ponys und nasskalter Witterung erforderlich. Sobald die Ponys trocken sind, wird die Decke wieder abgenommen.
Foto: Jürgen Dahl

möglichst, wie ein natürlicher Fliegenschutz, einen Vorhang vor den Augen bilden. Die Mähne darf nicht zu schwer werden, kann also einmal im Jahr vorsichtig ausgedünnt, aber niemals verzogen werden und sollte möglichst den ganzen Hals bedecken. Eine Stehmähne wie sie bei Norwegern üblich ist, darf man seinem Shetty niemals schneiden, da dann das Regenwasser schnell in die Haut des Mähnenkammes ziehen kann. Die Haut wird dadurch empfindlicher und dem Shetty wird es kalt, weil das Wasser in die Haut eindringt.

Die Haare am Schweifansatz, die als Regendach dienen, der Behang an den Beinen und die langen Haare an den Ganaschen und unterm Kinn sollten genauso wenig geschnitten werden wie die Haare in und an den Ohren und um das Maul herum. Alle diese Haare haben die wichtige Funktion des Schutzes vor Regen und vor Fliegen oder dienen als Tasthaare. Der Schweif sollte nur in der Länge gekürzt werden, so dass das Pony nicht auf die Schweifhaare tritt. Bei Fahrponys ist es ratsam, den Schweif etwa bis zum Sprunggelenk zu kürzen, damit sich der Schweif nicht im Geschirr oder an der Kutsche verfangen kann. Da die Fesselbeuge häufig, vor allem im Winter, durch dichten Behang bedeckt ist, müssen wir regelmäßig nachschauen, ob die Fesselbeuge trocken und sauber ist, da sich gerade an dieser Stelle, häufig durch nasse Ausläufe ohne trockenen Standplatz, Mauke oder Ekzeme bilden können.

Shetland-Ponys wächst schon recht früh im Jahr ein Winterpelz, auf dessen Funktionalität so mancher Hersteller von Outdoor-Kleidung stolz wäre. Die Winterjacke der Shettys besteht aus mehreren Schichten: einer Fettschicht auf der Haut, die das Eindringen von Feuchtigkeit verhindert, mit einer wärmenden Unterwolle darüber sowie einer weiteren Lage längerer Haare, die bei Kälte so vom Körper abstehen, dass eine isolierende Wärmeschicht darunter entstehen kann. Wenn es richtig kalt ist, sind die Shettys unter diesen Haaren am Körper immer noch warm.

Trotzdem sollten wir die Ponys nicht ungeschützt Dauerregen oder extremen Minustemperaturen aussetzen. Wenn das Pony zum Beispiel noch kein Winterfell hat, und es im Sommer stundenlang regnet, ist irgendwann auch ein Shetty nass bis auf die Haut und beginnt zu frieren. Es sollte sich vor Regen oder eisigem Wind jederzeit schützen können. Ob ein Shetty friert,

Artgerechte Haltung

Artgenosse und Fellkratzer helfen im Frühling bei der Entfernung der langen Winterhaare.
Foto: Dorothee Dahl

Die Krähen sitzen in den Morgenstunden auf den Ponys und zupfen ihnen das Winterfell aus, um ihre Nester damit auszupolstern. Die Shettys akzeptieren diesen Service und verjagen ihre Gäste nicht.
Foto: Frank Fritschy

können Sie daran sehen, dass es am ganzen Körper zittert oder an seinen Ohren fühlen, die immer warm sein sollten.

Wenn man das ganze Jahr hindurch mit seinen Shettys arbeiten möchte, hat man das Problem, dass sie mit ihrem dicken Winterpelz schnell zu schwitzen beginnen. Wenn wir draußen reiten oder fahren sollten wir die Ponys daher im Winter bei längeren Pausen und nach der Arbeit immer eindecken, bis sie getrocknet sind. Erst dann können wir sie wieder auf die Weide oder in den Paddock entlassen. Sie sollten sich erst wälzen können und müssen dann die Möglichkeit haben, an einem geschützen Ort zu trocknen, an dem sie sich bewegen können. Vor dem Eindecken reiben wir sie noch mit Stroh oder einem alten Frotteehandtuch ab. Für das Eindecken haben sich die so genannten Neuseeland-Decken bewährt, mit denen sich die Ponys auch hinlegen und wälzen können. Es ist schwierig, diese Decken in Shetty-Größe zu bekommen, mit etwas Geschick ist es aber kein Problem, eine Decke in Pony-Größe noch ein wenig zu verkleinern. Andere Pferdedecken aus Fleece oder Wolle gibt es auch in Shetty-Größe.

Die Ponys zu scheren wäre völlig gegen ihre Natur und ist nur bei der Haltung im Warmstall möglich. Ein Kompromiss ist die so genannte Strichschur, bei der die Ponys an Stellen, an denen sie besonders schwitzen, geschoren werden. Bei Turnierponys in ständigem Training ist dies manchmal erforderlich, damit sie nicht zu viel Energie durch das Schwitzen verlieren. Diese Ponys müssen aber unbedingt in einem sehr geschützten Stall stehen und müssen das Fell, das die Nierenpartie schützt, immer behalten dürfen.

Shettys putzen macht Spaß und fördert die Durchblutung – die des Ponys und die des Menschen, der es putzt – trotzdem sollten wir das Putzen auf das Nötigste beschränken. Wenn wir mit unseren Ponys arbeiten, ist es vor allem wichtig, dass die Stellen, an denen das Geschirr oder der Sattel und Sattelgurt liegen, gründlich gereinigt werden, damit keine Scheuerstellen entstehen oder etwa ein Heuhalm unter der Satteldecke piekt, was fatale Folgen haben kann.

Für das Entfernen des groben Schmutzes kann man beim Sommer- und Winterfell einen Fellkratzer aus Metallspiralen benutzen, den man problemlos am ganzen Pferd einsetzen kann. Er eignet sich auch hervorragend zum Entfernen der vielen Haare im meist recht lange dauernden Fellwechsel. Bei Shetland-Ponys dauert es manchmal bis August, bis sie alle Winterhaare verloren haben, Ende September wächst aber schon wieder das nächste Winterfell. In der Zeit des Fellwechsels dürfen wir ordentlich striegeln, damit die vielen toten Haare bald entfernt werden. Ein wenig Hilfe bekommt man manchmal sogar von den Krähen und Möwen, die sich die Haare direkt aus dem Pferdepelz ziehen, um sie für ihre Nester zu verwenden.

Zusätzlich zu Fellkratzer und Hufräumer benötigen wir noch eine Wurzelbürste zum Entfernen des feineren Schmutzes und eine weichere Bürste für das Pferdegesicht sowie eine Mähnenbürste. Diese Putzutensilien reichen zur Shettypflege aus. Um die natürliche Fettschicht nicht zu zerstören, sollten wir die

SINNVOLLE FELLPFLEGE 41

Ponys nicht zu häufig putzen. Trotzdem können wir natürlich an einem besonderen Tag, an dem wir an einem Turnier oder Kutschenkorso teilnehmen, unsere Ponys auch einmal mit einem milden Shampoo waschen. Wenn wir Schweif und Mähne mit Mähnenspray einsprühen oder, billiger, mit einer Haarspülung für Menschen waschen, lassen sich die Haare leicht durchkämmen und entwirren. Natürlich muss unser nasses Pony wieder eingedeckt werden oder in der Sonne trocknen können. Aber Vorsicht! Am liebsten würde sich Ihr Pony gleich auf den Boden werfen und wälzen – wenn Sie es ihm gönnen und trotzdem ein sauberes Pony behalten wollen, können Sie ihm kurz die Neuseeland-Decke auflegen, mit der es sich dann wälzen kann.

Die Hufe müssen, mit und ohne Hufeisen, regelmäßig auf Steine und andere Fremdkörper kontrolliert werden.

AUCH KLEINE HUFE BRAUCHEN PFLEGE

Shetlandponys haben meistens von Natur aus harte und widerstandsfähige Hufe. Diese Eigenschaft müssen wir durch eine gute Pflege erhalten, denn ohne funktionsfähige, gesunde Hufe können wir unsere Ponys nicht nutzen.

Barfuß oder Hufeisen: Bloß nicht am falschen Ende sparen

Je nachdem, was wir mit unseren Ponys machen möchten, wird ein Hufbeschlag notwendig oder auch nicht. Wenn man Kutsche fährt und nicht direkt an einem Wald mit weichen Wegen wohnt, wird man seine Ponys immer beschlagen müssen. Asphalt schrubbt in kürzester Zeit auch die härtesten Hufe ab. Grundsätzlich gilt für alle Pferde: Wenn man fast ausschließlich auf weichen Wegen reitet oder fährt, kann ein Pferd, bei nicht mehr als einer Stunde reiten oder fahren täglich, unbeschlagen bleiben.

Selbstverständlich müssen auch unbeschlagene Hufe in einem Abstand von ungefähr sechs bis acht Wochen von einem Hufschmied oder Hufpfleger ausgeschnitten und gefeilt werden. Ein Hufbeschlag muss, je nachdem wie schnell die Hufe wachsen und wie schnell die Eisen abgenutzt werden alle sechs bis acht Wochen rundum erneuert werden. Es ist schwierig, einen guten Hufschmied zu finden, der Shetland-Ponys beschlägt. Er hat mehr Arbeit mit den Kleinen, weil er sich sehr tief bücken, ja sogar manchmal hinknien muss, weil er kleinere Hufeisen bestellen oder anfertigen muss und weil die Hilfsmittel, wie zum Beispiel der Bock, auf den die Ponys ihre Hufe beim Bearbeiten stellen müssen, kleiner sein muss als bei großen Pferden. Es geht auch nicht schneller als bei großen Pferden, sondern dauert eher länger, weil alles kleiner ist. Deshalb kostet ein Hufbeschlag für Shettys genauso viel oder mehr.

Sparen Sie aber nicht am falschen Ende und lassen Sie sich nicht dazu verleiten, Ihr Shetty aus Kostengründen nicht beschlagen zu lassen. Wenn Sie mit Ihrem Pony problemlos unterwegs sein möchten, beginnt die optimale Ausrüstung bei einem guten Hufbeschlag. Alternativer Hufschutz, wie etwa Hufschuhe, ist meist in

Zwei Extreme: das riesige Hufeisen eines Kaltblutpferdes und das winzige, zur Zierde sogar vergoldete, Hufeisen eines Shetland-Ponys.
Foto: Christiane Slawik

Shettygröße nicht zu bekommen, oder als Sonderanfertigung erheblich teurer als ein konventioneller Beschlag. Korrekturbeschläge wird ein guter Hufschmied auch mit einem kleineren Shettyeisen durchführen können.

Bei beschlagenen Ponys empfiehlt es sich, immer ein Notbeschlagset bei sich zu haben, wenn man unterwegs ist, und sich vorher vom Hufschmied die wichtigsten Handgriffe zeigen zu lassen. Wenn Ihr Pony ein Hufeisen verliert, müssen Sie eine Kutschfahrt abbrechen, wenn Sie den Hufen und damit Ihrem Pony nicht nachhaltig schaden wollen.

Über die Verwendung von Huffett und Hufteer gibt es sehr geteilte Meinungen. Da jedes Pony andere Hufe hat, ist es sinnvoll, wenn Sie sich bezüglich der optimalen Pflege von Ihrem Hufschmied beraten lassen. In jedem Fall gilt bei der Verwendung von Huffett: immer nur auf dem feuchten Huf anwenden!

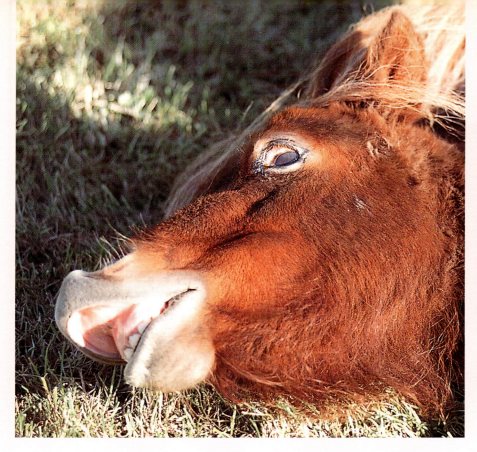 

Hier stimmt was nicht! Dieses Pony wälzt sich nicht wohlig, sondern zeigt alle Anzeichen einer Kolik, die dringend behandelt werden muss. Gutes Beobachten und regelmäßiges Kontrollieren der Ponys, die auf entlegeneren Weiden stehen, macht rechtzeitiges Handeln möglich.
Foto: Christiane Slawik

Die Tierärztin impft Shetland-Pony-Wallach Billy gegen Tetanus und Pferdeinfluenza. Je nach verwendetem Impfstoff ist eine Wiederholungsimpfung für Tetanus alle ein bis zwei Jahre, für Pferdeinfluenza alle sechs Monate erforderlich.
Foto: Dorothee Dahl

KRANKHEITEN: VORBEUGEN UND HEILEN

Grundsätzlich hoffen wir natürlich, dass unsere Ponys immer gesund und einsatzfähig sind. Die widerstandsfähigen Shetland-Ponys werden im Allgemeinen auch sehr selten krank, gerade deshalb müssen wir aber Krankheitsanzeichen sehr ernst nehmen, denn die Erfahrung hat gezeigt, dass Shettys nicht besonders wehleidig sind und es lange dauert, bis man ihnen wirklich etwas anmerkt. Durch artgerechte Haltung und einige wichtige Vorbeugemaßnahmen können wir vieles dafür tun, dass unser Shetty gesund bleibt. In diesem Kapitel können zwar nicht alle Pferdekrankheiten erwähnt werden, es gibt aber einen wichtigen Überblick über nützliche Vorbeugung und typische Shetland-Pony-Krankheiten, deren Ausbruch wir durch aufmerksames Beobachten unserer Ponys erkennen oder vielleicht vorher schon vermeiden können.

Über Tetanus, Tollwut und andere Impfungen

Auch unsere Kleinen brauchen einen sicheren Impfschutz gegen Tetanus. Die Gefahr, sich auf der Weide oder anderswo kleine Verletzungen zuzuziehen, die sich infizieren können, ist besonders groß. Tetanus oder Wundstarrkrampf ist nicht heilbar und die Pferde sterben elendig, ohne dass wir ihnen helfen können. Eine Impfung gegen Pferdeinfluenza, welche eine bestimmte, sehr ansteckende Form des Hustens ist, ist vor allem wenn man durch Turniere, Fahr- und Reitkurse oder Kutschenkorsos häufig in Kontakt mit anderen Pferden kommt, sinnvoll. Zusätzlich ist in Gebieten, in denen Tollwut vorkommt, eine Schutzimpfung ratsam. Tragende Stuten sollten gegen Rhinopneumonitis und Virusabort geimpft werden.

Wenn Sie ein neues Shetty kaufen, fragen Sie bitte unbedingt nach dem Impfpass und kontrollieren Sie die Eintragungen. Shettys sind häufig nicht oder nur unzureichend geimpft. Für einen wirksamen Impfschutz muss eine Grundimmunisierung erfolgt sein, bei der das Pony, je nach Impfstoff, in kürzeren Abständen dreimal geimpft wird. Ohne die Grundimmunisierung sind nachfolgende Auffrischungsimpfungen nahezu wirkungslos. Ihr Tierarzt berät Sie sicher gern.

Da ist der Wurm drin: Wurmkuren müssen sein

Neben den Impfungen sind die Wurmkuren die wichtigste Gesundheitsprophylaxe für Ihr Shetland-Pony. Auch wenn Sie Paddock und Weide entmisten, können die Ponys beim Fressen Wurmeier oder Larven aufnehmen, die sich dann in ihrem Körper einnisten und dort erheblichen Schaden anrichten können. Die Wurmkur sollte vier bis sechs Mal im Jahr verabreicht werden, wobei darauf zu achten ist, dass die Wurmkur, die im Herbst gegeben wird, auch gegen die Larven der Dasselfliegen wirkt, deren Eier die Pferde im Sommer aufnehmen.

Endlich können wir bei unseren Shettys etwas einsparen, weil sie so klein sind. Die zu verabreichende Menge richtet sich nach den Kilos, die das Pony auf die Waage bringt. Je nach Größe wiegen Shetland-Ponys etwa zwischen 150 und 200 Kilo, wenn Sie ganz sichergehen möchten, fahren Sie einmal zu einer Waage bei einer Bauerngenossenschaft, wiegen Ihren Pferdeanhänger erst leer (Helfer mitnehmen!) und anschließend mit Ihrem Shetty. Ihr Tierarzt nennt Ihnen aber sicherlich auch eine Verabreichungsmenge, die für Ihr Shetty geeignet ist. Meistens reicht jedenfalls ein Wurmkurapplikator für zwei Shetland-Ponys!

Shettyproblem Nr. 1: Hufrehe und wie man sie vermeiden kann

Bei der Hufrehe kommen verschiedene Symptome zusammen, die auf eine Entzündung der Huflederhaut zurückzuführen sind. Das Pony hat meist starke Schmerzen, lahmt und steht in der typischen Stellung mit weit vorgestreckten Vorderbeinen da. Oft sind die Hufe ungewöhnlich warm und der Kronrand ist druckempfindlich. Wenn Ihr Pony so dasteht, ist es schon fast zu spät. Lassen Sie es gar nicht erst so weit kommen.

Die Ursachen der Hufrehe sind nämlich meistens Fehler in der Haltung, Fütterung und Pflege des Ponys. Die größte Gefahr birgt das frische Gras, das Mitte April bis Mitte Mai so schön grün den Frühling ankündigt. Das Gras ist in dieser Zeit extrem gehaltvoll, und weniger als dreißig Minuten Weidegang können schon ausreichen, eine Hufrehe auszulösen. Reduzieren Sie also den Weidegang in dieser Zeit auf ein Minimum und füttern Sie lieber Heu oder anderes Raufutter zu, als eine Hufrehe zu riskieren. Auch übermäßige Kraftfuttergaben können eine Hufrehe auslösen, messen Sie also unbedingt den Kraftfutterbedarf an der Leistung des Tieres und füttern Sie kein Kraftfutter, wenn es nicht gearbeitet wird. Auch bei Stuten, die gefohlt haben, aber die Nachgeburt nicht oder nicht vollständig abgestoßen haben, kann eine Hufrehe auftreten. Bei Vergiftungen oder bakteriellen Erkrankungen kann die Hufrehe eine sekundäre Folge sein. In jedem Fall ist sofortiges Handeln angesagt. Je rascher behandelt wird, desto besser sind die Heilungschancen. Schon bei den ersten Krankheitsanzeichen sollte unbedingt sofort der Tierarzt verständigt werden.

Der Tierarzt behandelt das Pony meist mit entzündungs- und gerinnungsgehemmenden Mitteln und mit einem schmerzstillenden Medikament, manchmal auch mit einem Aderlass, der Entnahme einer größeren Menge Blut aus der Halsvene. Schwerere Fälle müssen unter ständiger Beobachtung in einer Tierklinik behandelt werden. Hier können Methoden wie das Eingipsen des Hufes und die Erhöhung der Trachten dem Pferd helfen und eine Heilung unterstützen. Der Hufschmied beschlägt das Pony, wenn es ihm besser geht, mit einem speziellen Rehebeschlag, bei dem der Zehenbereich entlastet wird.

Grundsätzlich muss vermieden werden, dass die negativen Faktoren weiter bestehen, damit die Hufrehe ausgeheilt werden kann. Je nach Grad der Hufrehe ist das Pony erst nach längerer Zeit wieder vorsichtig belastbar, muss aber auch in der Heilungsphase regelmäßige Bewegung haben. Manche Ponys entwickeln eine chronische Hufrehe, die nur bei konsequenter und intensiver Behandlung so weit verbessert werden kann, dass das Pony wieder einsatzfähig ist. Wenn die Erkrankung sehr weit fortgeschritten ist und dem Tier unzumutbare Schmerzen zugefügt werden, muss gemeinsam mit einem Tierarzt erwogen werden, dass Pony einzuschläfern.

Weitere Informationen zum Thema Hufrehe finden Sie in dem Buch *Hufrehe* von Anke Rüsbüldt, im Cadmos Verlag erschienen.

Wenns juckt und kratzt: Das Sommerekzem und seine Behandlung

Das Sommerekzem ist eine chronische Erkrankung, die bei allen Pferderassen in unterschiedlicher Ausprägung auftreten kann, jedoch vor allem bei den robust gehaltenen Pferden und den Ponyrassen, die von einer der Inseln wie Shetland, England oder Island kommen, zu beobachten ist. Betrachten Sie die abgeschubbelte Mähne nicht als Schönheitsfehler, sondern als ernst zu nehmende Krankheit, unter der das Shetty leidet.

Inzwischen gibt es zahlreiche Untersuchungen und Lösungsansätze, ein Heilmittel, das allen hilft, ist leider noch nicht gefunden. Das Sommerekzem wird auf eine Überreaktion auf Insektenstiche, vor allem vermutlich auf den Stich der Kriebelmücke zurückgeführt, die wahrscheinlich im Zusammenhang mit Klima- und Futterunverträglichkeiten stehen.

Sie erkennen das Sommerekzem daran, dass sich das Shetland-Pony mit Beginn des Frühjahrs vermehrt zu kratzen und schubbeln beginnt und häufig so lange scheuert, bis Mähne und Schweifrübe vollständig abgescheuert ist. Der Mähnenkamm und die Schweifrübe sind meist geschwollen und warm, selbst an der Bauchnaht finden sich krustige, blutige Stellen. Die Tiere sind häufig unruhig und suchen nervös nach einer Stelle, an der sie sich scheuern können. Wenn auch das Waschen mit einem medizinischen Shampoo keinen Erfolg bringt, kann vermutlich auch ein Parasitenbefall ausgeschlossen werden. Hindern Sie Ihr Shetland-Pony nicht daran, sich zu scheuern, sondern bieten Sie ihm einen einen Pfahl oder eine Bürste, an dem es sich schubbern kann, ohne sich dabei zu verletzen. Ein Pony mit Sommerekzem auf eine Weide ohne Kratzmöglichkeit zu stellen und diese mit Elektrozaun einzuzäunen, ist Tierquälerei! Wer selbst schon mal einen Mückenstich an einer Stelle hatte, an die er nicht drankam, kann sich vielleicht ein wenig vorstellen, wie so ein Pony sich fühlen muss.

Ein Pony mit Sommerekzem braucht in der Zeit von etwa März bis Oktober wesentlich mehr Betreuung und Pflege, nimmt man

Das Abscheuern der Haare an der Schweifrübe kann ein erstes Anzeichen für die chronische Erkrankung Sommerekzem sein. Foto: Christiane Slawik

SHETLAND-PONYS

Kleines Ritter-Pony: So verpackt in eine Sommerekzem-Decke nach Maß kann das Shetty trotzdem den Sommer draußen genießen.
Fotos: Christine Abée

dies auf sich, kann man einen Ekzemer aber genauso einsetzen wie ein gesundes Pony. Gerade für einen Ekzemer ist es besonders wichtig, dass immer eine Schutzhütte zur Verfügung steht, in die sich das Pony zurückziehen kann. Diese sollte an einem möglichst fliegenfreien Ort stehen, trocken, sauber und mit einem Fliegenvorhang versehen sein. Ein Mittel, das sich bei der Behandlung vieler Ekzemer schon über viele Jahre bewährt hat, ist das Kombinationspräparat Ökozon. Hier wird, nach einem speziellen Plan, der bereits vor Ausbruch des Ekzems beginnt, mit unter anderem knoblauchhaltigen Futtermitteln, Shampoo und pflegenden sowie Insekten abwehrenden Lotionen behandelt. Wenn der Plan konsequent eingehalten wird, kann im Laufe der Zeit die Behandlungsfrequenz abgebaut werden, ohne dass eine Verschlechterung eintritt. Bei vielen Tieren schlägt die Behandlung mit Ökozon so gut an, dass keine oder nur noch geringe Ekzemsymptome erkennbar sind. Trotzdem muss die Behandlung in jedem Jahr erneut aufgenommen werden.

Die Behandlung ist nicht ganz billig, löst aber in vielen Fällen bei konsequenter Anwendung das Problem und macht unsere Ponys beschwerdefrei und einsatzbereit. Außerdem ist Ökozon laut Herstellerangaben ein reines Naturprodukt und frei von Konservierungsstoffen und Kortison.

Eine weitere Möglichkeit ist die Eigenblutbehandlung, die von vielen Tierärzten und Tierheilpraktikern unter anderem bei Sommerekzem eingesetzt wird. Bei dieser Methode wird dem Tier Blut entnommen, anschließend mit verschiedenen Substanzen vermischt und dem Tier in kleinen Mengen über längere Zeit unter die Haut gespritzt. Auch hier gibt es Ponys, bei denen eine deutliche Verbesserung eintritt, und einige, die auf diese Behandlung gar nicht ansprechen.

Neuerdings sieht man häufiger Islandpferde, die zu Sommerekzem neigen, wie kleine Ritterpferde auf der Wiese stehen. Sie sind rundherum in eine spezielle Decke gehüllt, mit der sie sich problemlos bewegen können, die sie aber vor Insekten und Sonnenstrahlung schützt. Diese Decke tragen sie in der Zeit von März bis Oktober außer beim Reiten immer. Diese Pferde scheinen fast alle sehr gut mit der Decke zurecht zu kommen und haben kaum Ekzemsymptomatik. Es gibt solche Decken auch in Shetland-Pony-Größe, wo, erfahren Sie im Anhang dieses Buches.

Weiterhin ist man inzwischen davon überzeugt, dass eine zu eiweißhaltige Fütterung das Entstehen von Sommerekzem begünstigt, bei Shetland-Ponys mit Sommerekzem muss man daher den Weidegang, vor allem im Frühjahr, noch genauer dosieren. Von einer Zucht mit Ekzemern ist grundsätzlich abzuraten, da sich gezeigt hat, dass offenbar eine gewisse Disposition für das Sommerekzem vererbt wird.

Sollte Ihr Shetlandpony Sommerekzem haben oder bekommen, verschließen Sie nicht die Augen vor diesem Problem, sondern helfen Sie ihm, damit es unbeschwert leben und eingesetzt werden kann.

Nach einem langen Leben braucht auch das alte Shetland-Pony gute Pflege, Freunde und eine kleine Aufgabe. Foto: Christiane Slawik

Das alte Shetland-Pony

Vor allem wenn unser Shetland-Pony uns schon viele Jahre begleitet hat und wir viel gemeinsam mit ihm erlebt haben, wenn vielleicht die Kinder darauf reiten gelernt und die Erwachsenen schöne Kutschfahrten mit dem Familienshetty unternommen haben, ist es natürlich Ehrensache, dass wir der Shetty-Oma oder dem Shetty-Opa einen vergnügten Lebensabend bereiten.

Shetland-Ponys können bei artgerechter Haltung und guter Pflege dreißig Jahre und älter werden. Wenn sie gesund sind, können sie noch recht lang geritten und gefahren werden, Mammuttouren sollte man ihnen aber ersparen. Der Tierarzt, der das Pony kennt, kann

beurteilen, was man ihm noch guten Gewissens zumuten kann. Stellen Sie aber Ihr altes Shetland-Pony niemals irgendwo ab, wo sie ab und zu nachschauen, ob es noch lebt – holen Sie es lieber in Ihre Nähe, vielleicht sogar ans Haus, suchen Sie freundliche Pferdekumpel aus, mit denen es sich gut versteht und die ihm auch die nötige Ruhe lassen, die es im Alter braucht. Lassen Sie es an Ihrem Alltag teilnehmen und sorgen Sie dafür, dass es sich nicht langweilt.

Beim Einfahren von jungen Pferden kann das alte, erfahrene Shetty sicherlich noch gute Dienste leisten, mit leichten Kindern kann es noch vorsichtig als Handpferd mitgenommen werden, wenn es das kennt und ein Spaziergang mit der alten Dame oder dem alten Herrn „einfach so" macht auch viel Spaß. Natürlich müssen wir unser altes Shetty genauso impfen und vom Hufschmied betreuen lassen wie unsere jungen Pferde. Der Fellwechsel macht gerade einem alten Shetland-Pony oft Schwierigkeiten und dauert länger. Hier kann der Tierarzt schon vor Beginn des Fellwechsels mit Vitaminpräparaten und zusätzlichen Mineralstoffgaben eingreifen. Achten Sie bei Ihrem Oldie auch unbedingt auf die Zähne. Manche Ponys verlieren im Alter nach und nach die Zähne, vor allem die zum Zerkleinern der Nahrung wichtigen Backenzähne, und können daher nicht mehr von Gras und Heu alleine leben. Graspellets, über Nacht eingeweicht und mit etwas Quetschhafer vermischt, können dann zusätzlich morgens und abends gegeben werden. Die Pferde müssen dann aber die Möglichkeit haben, langsam und ungestört zu fressen, da sie auch das weiche Futter meist langsam und genüsslich mümmeln.

Nur wenn Sie oder der Tierarzt wissen, dass Ihr Pony aufgrund akuter oder chronischer Erkrankungen ständigen Schmerzen ausgesetzt ist, an denen man nichts ändern kann, und es das nun etwas geruhsamere Pferdeleben nicht mehr genießen kann, müssen Sie darüber nachdenken, das alte Shetland-Pony schmerzlos töten zu lassen. Es noch einmal zu verladen und den Strapazen eines Transportes und der möglichen Angst und Unruhe beim Schlachter auszusetzen, halte ich für eine Art des Abschieds, die unserem Pony nicht gerecht wird. Je nachdem wo das Pony steht, kann der Tierarzt es in seiner gewohnten Umgebung einschläfern. Ein erfahrener Tierarzt wird das Pferd ruhig und umsichtig behandeln, so dass es ruhig einschlafen kann. Sie müssen allerdings schon vorher dafür sorgen, dass dies an einem Ort geschieht, von dem man das Pferd nach dem Einschläfern problemlos wegtransportieren kann, da es ja anschließend entsorgt werden muss. Es muss auch die Möglichkeit bestehen, es an diesem Ort noch einige Zeit zugedeckt liegen zu lassen, falls der für die Entsorgung zuständige Abdecker nicht sofort kommen kann. Wenn Sie aber vorher mit ihm besprechen, wann er kommen kann, kann der Zeitpunkt des Einschläferns mit dem Tierarzt abgestimmt werden. Auch wenn dies keine schönen Erlebnisse sind, denke ich, dass wir es unseren Tieren schuldig sind, an denen wir lange Freude gehabt haben.

Verkaufen Sie ein altes Shetland-Pony auf gar keinen Fall, eine ungewisse Zukunft, die womöglich auf einem qualvollen Tiertransport nach Italien endet, ist gewiss.

Lernen Sie Ihr Shetland-Pony nach einem arbeitsreichen Leben neu kennen und freuen Sie sich über die Erfahrung, so ein altes Tier an seinem Lebensabend zu begleiten. Nehmen Sie sich Zeit, es zu beobachten und geben Sie ihm kleine Aufgaben, die es noch bewältigen kann. In einem Zoo habe ich einmal ein sehr altes Shetland-Pony gesehen, das noch den Mistwagen durch den Zoo gezogen hat und jeden Morgen freudig wiehernd auf seine „Tour" wartete.

Das Buch *Alte und unreitbare Pferde* von Heike Groß, erschienen im Cadmos Verlag, gibt viele Tipps für Beschäftigung, Pflege und Gesundheit.

VERFÜHRERISCH: EIN GOLDIGES SHETTY-FOHLEN

Es ist Frühling und wir freuen uns über alle Tierkinder, die gerade das Licht der Welt erblickt haben, kleine Vögel, kleine Lämmchen und kleine Shetland-Pony-Fohlen, jedes Jahr aufs Neue ein rührender Anblick – die Frage ist nur, ob wir immer das besitzen müssen, was uns so gut gefällt. Vernünftig nachdenkend müssen wir zugeben, dass alle kleinen Tiere, auch die Shetland-Pony-Fohlen, ziemlich schnell groß werden und sich die Frage stellt, was dann mit ihnen passiert.

Shettys selber züchten: Und dann??

Ein Pony in Kuscheltiergröße mit staksigen Beinen, winzigen Öhrchen und neugierigem Blick lässt natürlich jedes Herz höher schlagen. Wer wünscht sich nicht so ein kleines Wesen im Frühjahr auf seiner Weide?

Was macht man aber mit dem kleinen Hengstchen oder Stütchen wenn es größer wird? Es muss abgesetzt werden, braucht gleichaltrige Pferdekumpel, um ein gesundes Sozialverhalten entwickeln zu können, und Zeit, erwachsen zu werden, bevor man etwas mit ihm machen kann.

Außerdem ist es in der Shetland-Pony-Zucht wünschenswert, die Standards der unterschiedlichen Typen zu erhalten, was nur mit gezielter Zucht zu erreichen ist. Alles andere ist schlichtes Vermehren und hat mit Zucht nichts zu tun.

Alle Shetlandponys ohne Zuchtpapiere können natürlich genauso schön und einsetzbar sein, durch wilde Zucht verliert sich aber leider auf die Dauer das klare Bild dieser wundervollen Rasse. Schon die verschiedenen Zuchtziele innerhalb der Rasse Shetland-Pony machen es nicht leicht, eine einheitliche Zuchtrichtung zu erhalten. Viele der aus Spaß am Fohlen gezogenen Ponys sind Mischungen, zum Beispiel zwischen Mini-Shetland-Ponys und Shetland-Ponys im Originaltyp, was nicht immer günstige Proportionen ergibt. Oder ein Shetland-Pony wird mit einem Welsh-Pony gekreuzt, und auch Shetland-Island-Pony-Kreuzungen hat es schon gegeben. Dies können individuell

Diesem Blick kann man natürlich kaum widerstehen.
Foto: Christiane Slawik

Die beiden können sich sehen lassen: Stute und Fohlen aus gezielter Zucht.
Foto: Christiane Slawik

gesehen wunderbare Ponys sein, die man in verschiedenen Bereichen prima einsetzen kann. Es besteht aber auch die Gefahr, dass durch eine unkontrollierte Zucht unerwünschte Eigenschaften und Krankheitsdispositionen weitervererbt werden. Gerade diese weniger gelungenen Produkte der Shettykreuzungen oder unbedachten Zucht landen früher oder später bei Pferdehändlern, auf Pferdemärkten, Pferdetransporten oder direkt auf dem Schlachthof.

Züchten Sie also nicht, um sich einen Sommer lang ein hübsches Fohlen anschauen zu können, sondern nur, wenn Sie mithelfen möchten, dass Zuchtziel eines bestimmten Shetland-Pony-Typs zu erhalten und zu erreichen. Gerade eine Rasse mit einer so langen und besonderen Geschichte sollte meines Erachtens in Reinzucht erhalten bleiben. Und das ist nur mit gezielter Zucht möglich.

Wenn Sie wirklich züchten möchten, sollten Sie sich schon vor dem Kauf eines Shetland-Ponys für den Typ entscheiden, der Ihnen am meisten zusagt und den Sie am besten für Ihre Zwecke nutzen können. Kaufen Sie bei einem erfahrenen Züchter, der Sie auch bezüglich des Deckhengstes und

Artgerechte Haltung

der weiteren Aufzucht beraten kann. Häufig besteht die Möglichkeit, abgesetzte Fohlen bei dem Züchter in die Jungpferdeherde zu geben, damit sie artgerecht und gesund aufwachsen können. Sollte das von Ihnen erworbene Shetland-Pony nicht Ihren Vorstellungen entsprechen, wird ein seriöser Züchter es eher zurücknehmen oder eintauschen als vielleicht ein Pferdehändler, der bereits über alle Berge ist. Besuchen Sie Schauen, auf denen Shetland-Ponys vorgestellt und beurteilt werden, und lassen Sie sich Zeit bei der Entscheidung. Auf einer Schau können Sie erste Kontakte zu Shetland-Pony Züchtern knüpfen und häufig auch Verkaufspferde erwerben. Wenn Sie, gemeinsam mit einem Züchter, eine bestimmte Zuchtlinie verfolgen und ein Zuchtziel anstreben, können Sie Ihre Nachzucht auch später selbst auf Schauen vorstellen. Verantwortungsbewusstes Shetty-Züchten macht sehr viel Arbeit, aber auch jede Menge Spaß und ist in jedem Fall ein Hobby für sich. Züchten Sie also nicht nebenbei, sondern nur, wenn Sie Spaß an der damit verbundenen Arbeit haben. Es gibt Shetland-Pony-Fahrer, die sich bereits ihren ganzen Vierspänner – oder gar Sechsspänner selbst gezogen haben, was bei guten Erfolgen im Fahrsport die Besitzer natürlich besonders mit Stolz erfüllt.

Trächtigkeit, Geburt und Aufzucht

Sie haben sich entschlossen, verantwortungsbewusst zu züchten, haben einen Shetland-Pony-Typ gewählt, dessen Zuchtziel Ihnen zusagt und auf der Suche nach einer gesunden Stute, die eine vielleicht schon prämierte Vertreterin ihres Typs und mindestens drei Jahre alt ist, die Richtige gefunden. Auch der passende Hengst wartet schon, so dass Sie mit den Vorbereitungen beginnen können. Lassen Sie unbedingt eine Tupferprobe von Ihrer Stute nehmen, die

Der ausgewählte Hengst sollte gekört sein und vom Typ her zur Stute passen, damit dass Zuchtprodukt ein guter Vertreter seiner Rasse wird.
Foto: Christiane Slawik

*Kugelrund – da dauert es nicht mehr lange, bis das Fohlen kommt. Eine tragende Stute sollte noch intensiver beobachtet werden, auch wenn sie in den meisten Fällen ohne menschliche Hilfe auskommt.
Foto: Christiane Slawik*

Aufschluss über den Keimgehalt der Gebärmutter gibt und Hinweise auf eventuell bestehende Erkrankungen geben kann. Lassen Sie die Stute vorbeugend gegen Virusabort impfen und checken Sie noch einmal die Grundimmunisierung gegen Tetanus, Influenza und gegebenenfalls Tollwut. Lassen Sie sich bezüglich des Bedeckungszeitpunktes von dem Züchter beraten und bringen Sie die Stute zur Bedeckung für einige Zeit zum Hengsthalter. Suchen Sie sich möglichst einen Hengst, der in der Herde deckt, damit Ihre Stute unter natürlichen Bedingungen gedeckt werden kann. Wichtig ist allerdings, dass Ihre Stute das Leben in einer Herde kennt und ein gesundes Sozialverhalten besitzt, um sich gegen die anderen Stuten behaupten zu können. Hufbeschlag sollte zur Sicherheit des Hengstes und der anderen Herdenmitglieder in jedem Fall vorher entfernt werden.

Ob die Stute tragend ist, kann der Tierarzt etwa ab dem 25. Tag nach der Bedeckung durch eine Ultraschalluntersuchung oder eine manuelle Untersuchung feststellen. Bei den kleinen Shetland-Pony-Stuten sollte nur ein erfahrener Tierarzt mit kleinen Händen die Untersuchung durchführen. Ab dem 40. Tag nach der Bedeckung kann die Trächtigkeit auch mittels eines Bluttests festgestellt werden.

Die Tragzeit liegt bei Shetland-Ponys bei durchschnittlich etwa dreihundert Tagen, so dass die Fohlen bei einer Deckzeit zwischen April und Juli im darauf folgenden Jahr in eine günstige Vegetationszeit hineingeboren werden, die optimale Voraussetzungen für einen gesunden Start ins Leben bietet. Während der Tragzeit benötigt die Stute ausgewogenes Futter, frische Luft und ausreichende Bewegung. Sie kann bis etwa vier Wochen vor dem Abfohltermin noch leicht im Gespann gefahren oder rücksichtsvoll geritten werden.

Wenn die Stute behäbiger und schwerfälliger wird und sich vielleicht sogar am Euter schon kleine Harztröpfchen zeigen, ist es nicht mehr weit bis zur Geburt. Je nach Witterungsverhältnissen sollte die Stute möglichst auf einer sauberen trockenen Weide mit Schutzhütte abfohlen können. Andere Stuten, die die trächtige Stute gut kennt, sollten mit auf der Weide stehen, da sie in manchen Fällen sogar eine Art Tantenfunktion übernehmen. Häufig werden Fohlen in der Nacht geboren und wenn alles gut geht, dauert die Geburt meist nicht länger als eine Viertelstunde. Das Fohlen wird innerhalb der ersten halben Stunde nach der Geburt versuchen aufzustehen und das Euter der Mutterstute zu finden, um die lebenswichtige Biest- oder Kolostralmilch zu trinken. Nach spätestens sechs Stunden muss auch die Nachgeburt vollständig abgegangen sein, sonst muss dringend der Tierarzt gerufen werden. Legen Sie in jedem Fall die Telefonnummer des Tierarztes und einer Tierklinik bereit, damit Sie im Notfall auch mit telefonischer Beratung richtig handeln können. Manchmal sind es nur kleine Handgriffe, mit denen Sie einem Fohlen das Leben retten

Die Biest- oder Kolostralmilch ist die wichtigste und ein Fohlen, das trinkt, hat schon einen großen Schritt ins Leben gemacht.
Foto: Christiane Slawik

können und die Sie anwenden müssen, bevor der Tierarzt überhaupt bei Ihnen ist. Es kann zum Beispiel sein, dass das Fohlen falsch liegt, also die Hinterfüße zuerst zu sehen sind. In diesem Fall ist es sinnvoll, die Stute zum Aufstehen zu bewegen und damit die Geburt erst einmal zu unterbrechen. Rufen Sie sofort den Tierarzt, denn nur er ist in der Lage, dem Fohlen fachmännisch zu helfen. Wenn das Fohlen geboren ist, die Eihülle aber nicht aufgeplatzt ist, reißen Sie die Hülle, vor allem an den Nüstern, mit den Händen unbedingt sofort auf, damit das Fohlen nicht erstickt. Versuchen Sie, bei Komplikationen nicht in Panik zu geraten, sondern überlegt zu handeln. Vereinbaren Sie vorher mit Ihrem Tierarzt oder einer Tierklinik die Möglichkeit der telefonischen Hilfe im Notfall. Wenn Sie ein gesundes Fohlen vorfinden, bitten Sie trotzdem den Tierarzt, am ersten Tag vorbeizukommen, um das Fohlen gegen Fohlenlähme zu impfen und Mutter und Kind noch einmal eingehend zu untersuchen.

Für ein Fohlen ist es günstig, wenn es bald Fohlengesellschaft bekommt. Schon hier beginnt die Entwicklung des Sozialverhaltens, obwohl die Mutter in der ersten Zeit noch die größte Rolle spielt. Das Fohlen lernt Regeln, Rangordnung und Unterordnung, die Basis für eine spätere Ausbildung wird bereits jetzt gelegt. Wichtig ist, nicht mit dem goldigen Fohlen zu spielen und Kinder auch nicht damit alleine zu lassen.

Das Fohlen muss von Anfang an wie ein Pferd behandelt werden und lernen, dass man Menschen nicht schlagen, beißen oder ansteigen darf. Schlagen Sie aber niemals das Fohlen, schon gar nicht, wenn Sie es etwa vorher zu natürlichen Rangordnungsspielen herausgefordert haben. Wenden Sie Ihre Stimme an und versuchen Sie, dem Pony durch ein deutliches „Nein!" und gleichzeitiges Wegdrücken deut-

Fürs Foto ausnahmsweise erlaubt – mit solchen Spielchen muss man sehr aufpassen, sie werden vom Fohlen als Rangordnungsgeste verstanden und man darf sich nicht wundern, wenn das Fohlen anschließend den Menschen ansteigt.
Foto: Christiane Slawik

lich zu machen, dass es zu weit gegangen ist. Wenn Sie sich dem Fohlen nähern, erschrecken Sie es nicht durch plötzliche Bewegungen, sondern lassen Sie es kurz an Ihrer Hand schnuppern, damit es Ihren Geruch aufnehmen kann. Geben Sie ihm nur dann etwas zu fressen, wenn auch alle anderen gefüttert werden. Vermeiden Sie, dass das Pony aus falsch verstandener Tierliebe den ganzen Tag über mit Leckereien gefüttert wird. Die Ponys werden dann unruhig und versuchen, sobald sie einen Menschen um sich haben, durch Knabbern und vielleicht sogar Beißen wieder etwas Leckeres zu ergattern. Belohnen Sie auch das Fohlen bei der Arbeit nur, wenn es begreifen kann, wofür es diese Belohnung erhält. Da sich Pferde untereinander keine Leckerwürfel füttern, können Sie auch eine futterlose, aber umso pferdemäßigere Art der Belohnung geben: Kraulen Sie das Fohlen kurz am Mähnenkamm, so wie es die sich wohl gesonnenen Pferde gegenseitig bei der Fellpflege tun.

Schon dem kleinen Fohlen können wir in aller Ruhe die wichtigsten Dinge beibringen. Alles baut aufeinander auf, keine Handlung sollte übereilt oder unter Zwang und Zeitdruck geschehen. Erst einmal gewöhnen wir das Fohlen an das Angefasst werden mit vorsichtigem Streicheln über den ganzen Körper, nach einiger Zeit mit einer weichen Bürste oder einem Baumwolltuch. Wir zeigen ihm dabei schon das kleine Fohlenhalfter, lassen es daran schnuppern und können es nach einigen Tagen problemlos auflegen. Anschließendes Kraulen und Loben mit der Stimme nicht vergessen! So führen wir es langsam an das Festhalten und Anbinden heran, immer mit seiner Mutter in der Nähe. Wenn alles gut klappt und wir genügend Geduld bewahren, können wir nach einer Weile schon ein kleines Stückchen mit Mutter und Fohlen am Halfter spazieren gehen und ihm auf die Dauer alle Dinge zeigen, die einem so im Leben begegnen können: Mülltonnen, flatternde Planen, Hunde, ratternde Trecker und vielleicht sogar die Kapelle des örtlichen Schützenvereins.

Es lernt, dass alle diese Dinge ihm nichts tun und Sie können in diesen Situationen ruhig einmal Futter als Lob einsetzen, damit das Fohlen das Positive mit dem eigentlich Furchterregenden verbindet.

Unsere eigenen Shetland-Ponys hatten zu Beginn großen Respekt vor Mülltonnen, vor allem, wenn viele von den großen schwarzen Dingern am Straßenrand standen. Wir haben sie vorsichtig herangeführt, ihnen gut zugeredet und ein-

Manche Fohlen recken und strecken sich genüsslich, wenn sie gekrault werden und verziehen lustig das Gesicht, so wie dieser kleine Kerl.
Foto: Christiane Slawik

ARTGERECHTE HALTUNG

Verführerisch: Ein Shetty-Fohlen

Ein Fohlen braucht viel Ruhe, wenn es liegt, sollten wir es unbedingt lassen.
Foto: Christiane Slawik

en Leckerwürfel oder ein Stückchen Apfel obendrauf gelegt, den sie in einem ganz mutigen Moment herunter nehmen konnten. Inzwischen schauen sie gar nicht mehr hin, wenn Müllabfuhr ist.

Außerdem kann das Fohlen lernen, vorsichtig und ohne Gewalt, ein Hüfchen nach dem anderen zu geben. Ziehen Sie nicht an den Hufen, sondern halten Sie diese nur kurz fest und setzen Sie sie dann ganz vorsichtig wieder ab. Es ist sinnvoll, sich ein- bis zweimal am Tag ungefähr zehn Minuten mit dem Fohlen zu beschäftigen und eine Kleinigkeit mit ihm zu üben. Übertreiben Sie es aber nicht, sondern lassen Sie dem Fohlen vor allem die nötige Ruhe. Ein bis zweimal zehn Minuten am Tag sind genug. Und nicht vergessen: Ein Fohlen ist kein Kinderspielzeug!

Intelligent, Lernwillig und Leistungsstark:
Was die Kleinen alles können

Manche Shetland-Ponys sind so unkompliziert, dass wir einfach ein Kind auf ihren Rücken setzen und loslaufen können, ohne dass etwas passiert. Shetland-Ponys können aber viel mehr. Und um ein Shetty-Leben lang Freude an der außergewöhnlichen Leistungsstärke unserer Shetland-Ponys zu haben, sollten wir ihre Intelligenz und Lernwilligkeit nutzen und sie optimal ausbilden, damit wir gut und sicher mit ihnen arbeiten können. Wenn wir Zeit und Geduld in die Ausbildung investieren, werden wir schon während der Basisarbeit für unsere Mühen belohnt. Regelmäßiges Arbeiten mit den kleinen Shetland-Ponys macht großen Spaß und lässt sie auf die Dauer alles lernen, was auch die Großen können.

BASIS FÜR DIE ZUKUNFT: JUNGPFERDEAUSBILDUNG

Ein junges Shetland-Pony ist oft ungestüm, beachtet den Menschen vielleicht noch zu wenig und handelt sich damit manchmal Strafen ein, die es gar nicht verstehen kann.

Um derartige Missverständnisse zu vermeiden, fangen wir schon im Fohlenalter an, uns pferdegerecht mit unserem Shetland-Pony zu verständigen. Je länger wir uns kennen, desto

Das Tragen eines Halfters und das Führen am lockeren Strick kann schon das kleine Fohlen lernen; das spielerische Auflegen einer Decke nimmt ihm die Angst vor solchen Dingen und gewöhnt es daran, von uns Menschen berührt zu werden.
Foto: Christiane Slawik

Wasser ist zu Beginn unheimlich, weil das Pony es ganz anders wahrnimmt als wir Menschen. Nach Gewöhnung mit Ruhe und Geduld stellen die meisten Ponys aber fest, dass man herrlich darin planschen kann..
Foto: Christiane Slawik

leichter wird es, miteinander zu kommunizieren. Zu einer guten Kommunikation mit dem Pony gehört Deutlichkeit und Konsequenz, denn nur wir Menschen sind in der Lage, uns ein bisschen wie ein Pferd zu verhalten. Pferde können dies umgekehrt nicht, obwohl ich mir da bei den intelligenten Shetland-Ponys gar nicht so ganz sicher bin.

Grundausbildung

Die Ausbildung des Jungpferdes beginnt, wie im Kapitel über die Aufzucht beschrieben, schon im Fohlenalter, in dem der Grundstein für die Arbeit mit dem Shetland-Pony gelegt wird. Zu den wichtigsten Dingen, die schon ein Shetland-Pony-Absetzer können sollte, gehört das Tragen eines Halfters, das angebundene Stehen und das Hufe geben und auskratzen lassen. Was mit dem Fohlen vorsichtig geübt wurde, kann vom Jungpferd im Alter von etwa zwei Jahren bereits erwartet werden, wenn man regelmäßig daran gearbeitet hat. Es sollte selbstverständlich sein, dass der Hufschmied das Pony bereits als Fohlen betreut und für die Pflege seiner Hufe gesorgt hat. Auch dies sollte freundlich, aber bestimmt und konsequent geschehen sein. Ein Hufschmied, der Ihre Ponys anschreit oder sie schlägt, sollte die längste Zeit Ihr Hufschmied gewesen sein!

Ein häufig auftretendes Problem im Umgang mit Pferden ist es, dass plötzlich von den Tieren etwas verlangt wird, was sie noch nie geübt haben und worauf sie nicht vorbereitet worden sind. Die Grundausbildung dient also hauptsächlich der Vorbereitung auf die weitere Ausbildung und auf Dinge, die unseren Shetland-Ponys in ihrem Leben begegnen können.

Ab einem Alter von etwa zwei Jahren können wir beginnen, regelmäßig mit unserem Pony zu arbeiten. Es kann lernen, ein Gebiss ins Maul zu nehmen und damit geführt zu werden. Bieten Sie Ihrem Shetland-Pony zur Gewöhnung ein gut passendes Gebiss aus einem angenehmen Material wie zum Beispiel *Nathe,* einem harten Kunststoff, an oder wärmen Sie ein Metallgebiss mit Ihren Händen vor und bestreichen Sie es zu Anfang ein wenig mit Honig. Dann wird das Pony sofort etwas Angenehmes mit dem Gebiss verbinden. Vergessen Sie nicht, dass das junge Pony jetzt noch nicht weiß, welche Hilfen ihm das Gebiss gibt. Ziehen Sie also nicht daran und geben Sie Kindern keine Zügel in die Hand, die mit dem Gebiss verbunden sind. Das Pony muss erst langsam lernen, was es tun soll, wenn es über das Gebiss bestimmte Hilfen bekommt. Wir sollten mindestens einmal täglich mit unserem jungen Pony etwas tun, es aufhalftern, anbinden, putzen oder zur Wiese führen. Lieber jeden Tag etwa eine halbe Stunde als einmal in der Woche zwei Stunden. Das Pony muss nämlich immer wieder Zeit haben, die Dinge, die wir mit ihm geübt haben, zu verarbeiten. Außerdem behält es den Spaß an der Arbeit, wenn die Übungen nicht zu lange dauern. Beenden Sie eine Übungssequenz immer mit etwas, was gut geklappt hat, und überdenken Sie hinterher, ob Dinge, die weniger gut geklappt haben, vielleicht an Ihnen lagen. Oft sind wir nicht deutlich in dem, was wir von unserem Pony erwarten, sind zu ungeduldig und nehmen uns zu wenig Zeit. Versuchen Sie also, sich auf die Arbeit mit Ihrem Shetland-Pony zu konzentrieren und mit Hilfe Ihrer Körpersprache, Ihrer Stimme und Ihrer Hilfengebung das auszudrücken, was Sie möchten. Verwenden Sie bei allen Übungen deutliche Kommandos, die Sie nie verändern. Entscheiden Sie sich vor der Ausbildung des Ponys für diese Kommandos und schreiben Sie

Das so genannte Dually-Halfter von Monty Roberts ist ein sinnvolles Hilfsmittel in der Arbeit, jedoch sollten Sie den Umgang mit diesem Halfter unter fachkundiger Anleitung erlernen. Foto: Dorothee Dahl

sie auf, damit auch andere, die mit dem Pony umgehen, diese benutzen können. Wir verwenden im Umgang mit unseren eigenen Shetland-Ponys englische Kommandos, schließlich spricht man auf den Shetland-Inseln englisch, außerdem klingt stay, walk on, trot on, back, left, right und good boys so schön und unterscheidet sich deutlich von unserer Alltagssprache.

Inzwischen gibt es jede Menge Gurus, die mit Pferden tanzen oder flüstern, und es ist schwer, das Richtige für die eigene Arbeit mit den Ponys herauszusuchen. In der Arbeit mit unseren eigenen Shetland-Ponys haben uns die Ansätze von Monty Roberts und Pat Parelli gute Dienste geleistet. Sie sind nachvollziehbar und durchführbar und stellen eine Art rotem Faden im Umgang mit unseren Ponys dar. Mindestens eines haben beide Methoden gemeinsam: Sie behandeln ein Pferd wie ein Pferd und sprechen im Umgang mit den Pferden die Pferdesprache, soweit uns dies als Mensch möglich ist. Im Folgenden möchte ich beide Methoden kurz vorstellen und Sie dazu anregen, sich vertiefend damit zu beschäftigen.

Der inzwischen sehr berühmte Monty Roberts arbeitet schon sehr lange mit Pferden und hat damit durchschlagende Erfolge, auch bei Pferden, mit denen niemand mehr etwas anfangen kann, weil sie schwierig im Umgang geworden sind. Es ist also fast nie zu spät; auch ein Shetland-Pony, das eine problematische Vorgeschichte hatte, kann man mit viel Geduld wieder dazu bringen, Vertrauen zu fassen und mitzuarbeiten. Monty Roberts legt seiner Arbeit mit Pferden das Wissen der Menschen um das Herden- und das Fluchtverhalten der Pferde zugrunde. Sein Umgang mit Pferden ist grundsätzlich frei von Brutalität und Angst. Dies sollten wir uns in unserer Arbeit mit den Shetland-Ponys, aber auch im Umgang mit Menschen immer wieder deutlich machen: Machtverhalten und Angsterzeugung sind immer nur für einen kurzen Moment vermeintlich wirksam, haben aber nichts mit positivem Lernen und Vertrauen zu tun. Versuchen Sie sich also immer wieder vor Augen zu führen, dass auch Ihr kleines Shetland-Pony eine pferdegemäße, konsequente Kommunikation braucht, damit es verstehen kann, was es tun oder nicht tun soll.

Beim Umgang mit Problempferden hat Monty Roberts Lösungsansätze gefunden, die das Pferd nicht strafen, sondern nur ein unerwünschtes Verhalten unangenehm machen. Schlagen Sie beispielsweise einem steigenden Shetland-Pony niemals auf den Kopf, wie es manche vermeintlichen Pferdekenner raten. Es wird vermutlich einen Grund haben, warum es steigt, und wenn man überprüft hat, ob Sattel, Geschirr, Anspannung, Situation oder Gesundheit nicht der Grund sind, kann die von Monty Roberts beschriebene Methode hilfreich sein. Er verwendet für Ponys, die lernen sollen, auf ihn zu achten und ihm zu folgen, in der Übungsphase das von ihm so genannte Dually-Halfter, bei dem ein zweites Seil über dem Nasenrücken des Ponys nur dann ein unangenehmes Gefühl, jedoch keinen Schmerz, gibt, wenn das Pony nicht folgt. Folgt es willig, spürt es nichts. Schnell wird es lernen, dass es angenehm ist, seinem Menschen

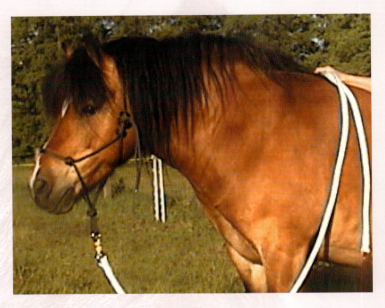

Gute Kommunikation zwischen Mensch und Pferd hier mit Hilfe des Pat Parelli Halfters.
Foto: Ulrike Gieseke

zu folgen. Wenden Sie solche Hilfsmittel aber nie ohne Anleitung an, sondern lassen Sie sich immer von Menschen helfen, die bereits damit gearbeitet haben. Sowohl von Monty Roberts als auch von Pat Parelli gibt es autorisierte Lehrer, bei denen Sie Hilfe und Anleitung bekommen können. Auch die erhältlichen Bücher und Videos geben einen guten Einblick in eine pferdefreundliche Arbeit, deren Ziel es ist, eine Partnerschaft zu entwickeln, die auf Vertrauen basiert. Wenn unsere Ponys Vertrauen haben, sind Dinge wie das Verladen auf einen Anhänger, Hufschmied und andere knifflige Situationen kein Problem mehr.

Auch für Pat Parelli basiert die Beziehung auf Kommunikation, Vertrauen und Respekt. Er sagt: „Parelli Natural Horse Man Ship ist ein Weg, mit Pferden umzugehen und sie auszubilden, auf der Basis von Kommunikation, Psychologie und Verständnis anstelle von Mechanik, Angst und Einschüchterung". Pat Parelli hat Pferde in deren natürlicher Umgebung in der Herde studiert und ihre Kommunikation beobachtet. Aus den Erkenntnissen über die „Pferdesprache" hat er ein System nach Maß entwickelt, mit dem Menschen lernen, Pferde zu verstehen Und dabei ist es gar nicht wichtig, wie groß das Pferd ist. Alle Spiele und Übungen sind natürlich auch mit unseren Shetland-Ponys möglich und machen viel Spaß. Nutzen Sie die Erfahrung anderer, um von Anfang an auf die richtige Weise mit Ihren Ponys umzugehen. Es ist viel schwieriger, vor allem für Anfänger, einmal gemachte Fehler wieder auszugleichen. Manche Dinge prägen sich bei unseren Ponys so stark ein, dass es schwierig ist, negative Informationen wieder zu löschen.

Literaturhinweise und Adressen zu diesem Thema finden Sie im Anhang dieses Buches.

Bei der Bodenarbeit lernt das Pony Schritt für Schritt Kommandos und Hilfen kennen.
Foto: Christiane Slawik

Bodenarbeit

Bodenarbeit heißt, wie das Wort schon sagt, dass wir unsere Pferde am Boden arbeiten, also nicht obendrauf oder in der Kutsche dahinter sitzen. Gerade wenn sich Erwachsene mit Shetland-Ponys beschäftigen, die sie ja nicht reiten können, bietet sich die Bodenarbeit an und kann zu ernst zu nehmender, respektabler Arbeit an der Hand ausgebaut werden.

Wir beginnen nach der Grundausbildung mit einfachen Lektionen wie Halten und Rückwärtsrichten und steigern unsere Arbeit allmählich über Seitengänge, Vor- und Hinterhandwendungen, vielleicht sogar bis hin zu schwierigen Elementen aus der klassischen Dressur. Die wichtigste Grundübung für das Jungpferd ist aber das Stillstehen. Wenn das Pony beim ruhigen Angebunden-Stehen neben seiner Mutter schon das Stillstehen gelernt hat, wird es ihm nicht schwer fallen, dies auch an der Hand zu tun. Wir müssen ihm aber auch diese Ruhe vermitteln, die es braucht, um auszuharren, bis wir ihm das Zeichen zum Weitergehen geben. Wir verbinden das Halten mit dem Kommando „ho", das Stehen mit dem Kommando „stay" und loben das Pony, wenn es stehen bleibt.

SHETLAND-PONYS

Intelligent, lernwillig und leistungsstark

Perfektion und mehr als Bodenarbeit – das inzwischen berühmte Shetland-Pony Püppi, das mit seinem Besitzer und Trainer unter anderem bei der Royal Horse Gala auftritt, zeigt hohe Schule vom Feinsten – hier eine Kapriole an der Hand!
Foto: Christiane Slawik

Stangen und Cavalettis, aber auch eine Wippe, ein Flattervorhang, Autoreifen, Plastiktonnen und Strohballen können sinnvolle Hilfsmittel bei der Bodenarbeit sein.

Wir führen unser Shetland-Pony erst mit dem Pat-Parelli-Halfter (Seilknotenhalfter), später auch mit Kopfstück und Trensengebiss und, wenn wir es geübt haben, auch an der Doppellonge von hinten „fahrend" auf einem umzäunten Platz. Wenn möglich, sollte dies nicht die Wiese sein, auf der die Ponys normalerweise fressen, denn es ist schwierig, ihnen dann den Unterschied zwischen Arbeit und Ruhe deutlich zu machen. Aus Stangen legen wir schmale Durchgänge und später ein Labyrinth, durch das wir unser Pony führen. Halten und Rückwärtsrichten, aber auch aufmerksame Mitarbeit und Trittsicherheit werden hiermit geschult. Wir können unser Pony in die Mitte eines alten Autoreifens hineintreten und vorsichtig wieder hinaustreten lassen, wobei wir gut aufpassen müssen, dass sich das beschlagene Pony nicht beim Heraustreten mit einem Vordereisen am Reifen verfängt. Wir führen unser Pony unter einem Flattervorhang durch, lassen es über eine am Rand beschwerte Plastikplane gehen und bringen ihm mit viel Geduld bei, wie man auf eine Pferdewippe geht und sich in der Mitte ausbalanciert. Alle diese Übungen müssen immer ohne Zwang erarbeitet werden. Es hilft nichts, an unserem Pony herumzuzerren und es mit Hilfe der Peit-

Zwei, die sich einig sind: Bodenarbeit ist Klasse!
Foto: Christiane Slawik

Jungpferdeausbildung

Shetland-Pony und Führerin haben beide Spaß an immer wieder neuen Herausforderungen, diese Übung ist aber erst etwas für Fortgeschrittene!
Foto: Christiane Slawik

sche zu Dingen zu zwingen, die ihm danach noch mehr Angst machen. Lassen Sie Ihr Pony erst einmal in aller Ruhe schauen und schnuppern, legen Sie einen Leckerwürfel auf die Plane, den es sich herunterholen kann, wenn es mutig genug ist, und lassen Sie Ihr Pony bei den Übungen immer am langen Führseil laufen, damit es die Möglichkeit hat, Ihnen locker zu folgen. Nur wenn es fliehen will, setzen Sie kurzen Druck mit dem Dually-Halfter oder dem Seilknotenhalfter ein, den Sie sofort wieder lockern, wenn das Pony Ihnen folgt. Ziehen oder reißen Sie niemals an dem Halfter, bleiben Sie aber ruhig und konsequent. Wenn Ihr Shetland-Pony eine gute Grundausbildung hatte, wird es Ihnen vertrauensvoll folgen und Sie können die Übungen vormachen. Üben Sie immer nur ein Element an einem Tag, wenn das Pony dann den ganzen Parcours kennt, können Sie bekannte Dinge miteinander verbinden. Auch ein älteres, erfahrenes Pony kann dem Neuling die Angst vor den Furcht erregenden Sachen nehmen, indem es solche Übungen beherzt vormacht.

Und vergessen Sie nicht die Belohnung mit Stimme, Mähne kraulen oder sogar einem Leckerwürfel, wenn Ihr Pony etwas gut gemacht hat. Loben Sie sofort und strafen Sie nicht, dass Pony würde sonst eine Übung mit der Strafe verbinden, aber nicht verstehen, warum es gestraft wurde. Eine lange Dressurgerte können Sie benutzen, um das Pony bei bestimmten Übungen wie zum Beispiel bei Seitengängen zu touchieren, aber nicht, um das Pony damit zu schlagen. Bei der Bodenarbeit ersetzt die touchierende Gerte den Schenkel oder erinnert das Pony daran, seine Hinterhand mit einzusetzen. Die meisten Ponys verstehen schnell, was gemeint ist, und reagieren schon, bevor man die Gerte überhaupt benutzt hat.

Die Bodenarbeit sollte zur Gymnastizierung und Einübung neuer Dinge immer wieder Bestandteil unserer Arbeit mit Shetland-Ponys sein, auch wenn die Ponys bereits eingefahren und eingeritten sind. Vertrauen und Zusammenarbeit werden so vertieft und wir schaffen immer wieder eine gute Ausgangssituation für die Arbeit im Verkehr und im Gelände.

LONGE UND DOPPELLONGE

Die Arbeit an der Longe und der Doppellonge bereitet unser Shetland-Pony direkt auf die Arbeit vor der Kutsche und unter dem Sattel vor. Durch regelmäßiges Longieren kann, zum Beispiel nach der Winterpause, langsam Kondition aufgebaut werden. Bauen Sie das Training langsam auf und beginnen Sie mit fünf bis zehn Minuten Longieren und steigern dann bis zu etwa zwanzig Minuten Longenarbeit. Bedenken Sie aber, dass zu langes Longieren im Kreis für das Pferd langweilig wird. Der Körper des Pferdes wird zwar trainiert, das mentale Training ist aber gering. Wechseln Sie deshalb das Longieren mit anderen Übungen ab, die das Pony mental fordern. Sie werden schnell merken, wie es „mitdenkt" und Aufgaben schneller folgen kann.

Alle Stimmkommandos, die Sie beim Kutsche fahren brauchen, können Sie an der Longe bereits üben. Aber erst muss das Shetland-Pony lernen, longiert zu werden. Optimal ist ein Longierzirkel, den Sie mit einem Durchmesser von etwa neun Metern mit den Ständern für eine mobile Weideeinzäunung und Elektrozaunlitze abstecken oder sogar aus Holz fest installieren können. Hier findet das Pony Anlehnung an der Außenseite. Beginnen Sie unbedingt mit einem Helfer, der das Pony ruhig führt, damit es versteht, dass es außen laufen soll, während Sie innen stehen. Bleiben Sie nie starr stehen, hetzen Sie aber auch nicht hinter Ihrem Pony her. Beginnen Sie ohne Longierpeitsche und setzen Sie diese nur ein, wenn Ihr Pony nicht davor wegläuft. Versuchen Sie, alle Kommandos mit der Stimme zu geben und halten Sie die Longe so ruhig wie möglich. Longieren Sie das Pony an der einfachen Longe entweder mit einem normalen Halfter oder mit dem Trensengebiss, dessen Ringe Sie mit einer so genannten Longierbrille verbinden, damit das Gebiss nicht seitlich herausgezogen wird und das Maul nicht einseitig belastet wird. Schnallen Sie die Longe niemals nur in einen Trensenring ein, Sie können dem Pony damit unangenehmen Druckschmerz im Maul zufügen und haben keinerlei Einwirkung über das Maul.

Ein Longierzirkel oder Round-Pen hilft dem Pony, sich auf den Menschen zu konzentrieren und bietet Anlehnung.
Foto: Jürgen Dahl

Die Arbeit an der Doppellonge bereitet das Shetty auf die spätere Arbeit vor der Kutsche vor und erleichtert das Gymnastizieren ohne Reiter. Achten Sie bitte darauf, sich nicht, wie hier zu sehen, die Longe über die Schulter zu hängen, dies ist sehr gefährlich.
Foto: Christiane Slawik

Üben Sie erst alle Gangarten und die damit verbundenen Kommandos mit einem führenden Helfer und wechseln Sie immer wieder die Richtung (Handwechsel), damit keine einseitige Belastung entsteht und damit sich das Pony auf beiden Seiten biegen muss. Lassen Sie das Pony immer wieder an verschiedenen Stellen anhalten und kurz stehen, damit es zur Ruhe kommt und longieren nicht mit weglaufen assoziiert.

Die Doppellongenarbeit ist eigentlich ein Kapitel für sich. Wer den Umgang mit der Doppellonge richtig lernen will, sollte sich von einem erfahrenen Fahrlehrer, der seine Pferde mit der Doppellonge ausbildet, helfen lassen oder einen Kurs besuchen, in dem man das Arbeiten mit der Doppellonge mit verschiedenen Pferden üben kann. In der Ausbildung zum silbernen Fahrabzeichen wird das Longieren eines Fahrpferdes mit der Doppellonge geübt und geprüft. Auch wenn man ein kleineres Fahrabzeichen macht, hat man vielleicht die Möglichkeit, bei einem anderen Kurs zuzuschauen oder selbst einmal die Doppellonge unter Anleitung in die Hand zu nehmen. Hier kann nur kurz auf diesen wichtigen Teil der Ausbildung eingegangen werden. Für das Einfahren unseres Ponys sind die Übungen mit der Doppellonge jedenfalls unentbehrliche Vorübungen, die uns Mühe und Arbeit ersparen und verhindern, dass unsere Kutsche durch unvorbereitetes Einfahren beschädigt wird.

Zur korrekten Führung der Leinen benutzen wir einen Longiergurt (einen Ponygurt, den Sie beim Schuster enger machen lassen, oder das Selett des Fahrgeschirrs). Natürlich müssen wir das Pony an den Gurt gewöhnen. Schon während der Grundausbildung und der Bodenarbeit können wir den Gurt vorsichtig auflegen und locker angurten. Nicht zu fest, damit das Pony keinen Gurtzwang entwickelt, und nicht so locker, dass er unter den Bauch rutschen kann, was garantiert zu Panik führt und das nächste Longieren zum Problem werden lässt. Nun führen wir eine Leine der Doppellonge durch den äußeren Ring des Longiergurtes oder das äußere Auge des Seletts, haken den Karabinerhaken in den Halfterring (normales Halfter) oder in den Trensenring ein und führen die äußere Leine vorsichtig über den Rücken des Ponys. Wird die Longe dort akzeptiert, legen wir die äußere Leine um die Hinterhand des Ponys unter dem Schweif, oberhalb des Sprunggelenks. Das müssen wir einige Male vorsichtig üben, damit sich das Pony nicht vor den Leinen an seinen Beinen erschreckt. Hier haben wir wieder eine gute Vorübung für die spätere Arbeit vor der Kutsche. Die andere Leine ziehen wir durch den inneren Ring und haken ebenfalls den Karabiner in den Halfter- oder Trensenring ein. Dann stellen wir uns hinter das Pony, lassen es aber von einem Helfer locker festhalten. Wir halten nun unsere Hände bei lockerer Longe weit auseinander und berühren auf- und abwärts die äußere Seite der Hinterbeine und beruhigen das Pony gleichzeitig mit unserer Stimme, bis es sich an die Berührung gewöhnt hat. Wenn es dies zulässt und nicht unruhig wird, streichen wir langsam mit einem Teil der Longe über den ganzen Körper des Ponys, auch vorsichtig unter dem Bauch. Der Helfer hält das Pony immer noch und führt es, nachdem es die Leinen kennen gelernt hat, ruhig an („Walk on").

Nehmen Sie noch keine Longier- oder Fahrpeitsche, damit sich das Pony nicht an zwei Dinge gleichzeitig gewöhnen muss. Durch die beiden Leinen haben Sie nun Verbindung zum Trensengebiss oder zum Halfter wie beim Reiten oder Fahren. Um gleich gut zu beginnen, sollten Sie versuchen, die Leinen in Ihren Händen zu ordnen, bevor Sie mit Leinensalat in der Mitte stehen, während das Pony um Sie herumrennt. Wir fangen mit langen Schrittphasen an und üben erst einmal selber den Umgang mit den beiden Leinen, oder, noch besser, üben Sie die Leinenführung erst mit einem erfahrenen Pony. Achten Sie genau auf Ihre Hilfengebung und versuchen Sie, locker in der Hand zu bleiben und wie beim Reiten und Fahren immer ein wenig mit den Händen zu „spielen" (Faust locker nach innen drehen und wieder nachgeben), damit sie nicht starr bleiben. Wenn Sie eine gute Verbindung zum Pferdemaul haben und das Pony entspannten Schritt geht, kaut und den Kopf langsam senkt, können Sie mit dem vorher bereits geübten Kommando antraben („Trot on"). Wenn sich das Pony erschreckt und wegrennt, halten Sie oder Ihr Helfer es langsam und ruhig an, sprechen ihm gut zu und warten, bis es sich wieder beruhigt hat. Dann beginnen wir wieder im Schritt, bis unser Pony angstfrei läuft. Wir sollten uns auf Schritt und Trab beschränken, da das Pony für einen schön gesprungenen Galopp schon sicherer sein muss. Ein gerannter, flacher Galopp bringt viel zu viel Unruhe in unsere Arbeit.

Neben dem Longieren mit der Doppellonge von der Mitte des Longierzirkels aus können wir unser Shetland-Pony nun „vom Boden aus fahren", das heißt, wir können, mit beiden Leinen in der Hand und nicht zu weit von unserem Pony entfernt, hinter unserem Pony herlaufen und es von hinten lenken. In dieser Phase sollte unser Pony schon an die Fahrpeitsche gewöhnt sein, da man diese zur Hilfengebung einsetzen muss. Man gibt an der Stelle, an der beim Reiten normalerweise der Schenkel liegen sollte, einen kurzen Druckpunkt (keinen Schlag!) mit dem vorderen Stück der Peitsche. Wir üben zuerst anhalten („Ho") und losgehen („Walk on"). Wir halten an, indem wir die Leinen annehmen (Fäuste eindrehen, nicht ziehen) und so lange angenommen lassen, bis das Pony stehen geblieben ist. Dann geben wir sofort wieder nach. Wenn unser Pony dann losgehen will, wiederholen wir das Kommando und warten wieder, bis es steht. Wenn es auf das Kommando reagiert hat, loben wir es sofort: „Good Boy", sagen zum Beispiel die Engländer. Wenn es nicht klappt, bitten wir unseren Helfer, das Pony zu führen und mit ihm stehen zu bleiben, wenn das Kommando gegeben wird. Der Helfer kann zusätzlich durch seine Körperhaltung deutlich machen, was erwartet wird. Beim Stehenbleiben den Oberkörper leicht zurückneigen, beim Losgehen mit dem Oberkörper leicht nach vorne. Damit unser Pony auch wirklich gehen kann, müssen wir mit den Händen ein wenig nach vorne gehen, damit es Raum hat und nicht gehalten wird. Wenn wir rechts herum gehen möchten,

Das Fahren vom Boden aus ist erst auf dem Platz oder auf der Wiese, später auch im Gelände, eine gute Vorbereitung auf das Kutschefahren.
Foto: Frank Fritschy

sprechen wir das Kommando („Right"), geben mit der äußeren Leine nach (immer nachgeben, nicht ziehen) und geben gleichzeitig an der rechten Seite, an der sich das Pferd biegen soll, einen kurzen Druckpunkt an der Stelle, an der beim Reiten der Schenkel liegt. Genauso verfahren wir links herum, nur mit dem Kommando „Left". Zum Rückwärtsrichten bleiben wir stehen, nehmen die Leinen an und sprechen das Kommando „Back", das unser Pony schon bei der Bodenarbeit kennen gelernt hat. Auch hier kann der Helfer unterstützen, indem er das Pony auf die Brust tippt und ebenfalls das Kommando spricht. Wichtig ist, dass alle Übungen geduldig und ruhig durchgeführt werden, bis das Pony verstanden hat, was von ihm erwartet wird. Nach jedem gelernten Schritt kann der nächste hinzukommen. Wir üben in den nächsten Tagen alles noch einmal ohne Helfer und können, wenn wir einen ruhigen Schritt an der Doppellonge erreicht haben, auch Wendungen „fahren", bei denen das Pferd die Hand wechselt. Wenn etwas nicht so klappt, wie wir es uns vorstellen, müssen wir den Fehler immer erst bei uns suchen. Meistens scheitern die Übungen nicht am Unwillen der Ponys, sondern an undeutlicher Hilfengebung oder schlichtweg zu wenig Übung. Und die Geduld, die wir in dieser Übungsphase aufbringen, bekommen wir spätestens dann zurück, wenn wir mit unseren Ponys fahren oder sie geritten werden.

Alle Übungen beim Fahren vom Boden aus können natürlich auch mit den Labyrinth-Stangen, den Cavalettis, den Tonnen (hier kann man prima Slalom „fahren") und, mit einem sicheren Pony oder einem sicheren Helfer, auch außerhalb des Übungsplatzes, im Dorf, im Verkehr, an Mülltonnen vorbei und im Gelände durchgeführt werden.

Eine unserer ersten „Fahrten" dieser Art, mit unseren eigenen Shetland-Ponys, führte uns auf die Wiese des Schützenfestes, auf der uns die Musik der Blaskapelle und viele viele Kinderhände begrüßten. Unsere Ponys blieben, nach anfänglichem Erstaunen, schon bei einer dieser ersten Übungen ziemlich cool und schrecken inzwischen vor nichts mehr zurück.

Alle großen Reiter haben mal klein angefangen ... Jedoch sollte auf die zweckmäßige und sichere Kleidung auch bei den ganz Kleinen geachtet werden.
Foto: Christiane Slawik

Ein leidiges Thema in der Ausbildung junger Ponys ist das Ausbinden. Pat Parelli bezeichnet in seinem Buch *Natural Horse-Man-Ship* alle diese Hilfsmittel als Dinge, die das Pony in seiner Bewegung und seinem Verhalten einschränken, und hält sie für eine gute Entschuldigung für schlechte Hände und zu wenig Wissen über Pferde. Dieser Meinung möchte ich mich anschließen, denn ich möchte nicht, dass mein Pony etwas tut oder nicht tut, weil ich es dazu zwinge. Wenn das Pony zum Beispiel durch das Ausbinden seinen Kopf nicht nach vorne oder nach oben bewegen kann, kann dies zu Verkrampfungen in Rücken und Nacken führen, die unsere weitere Arbeit blockieren. Wenn ich mein Shetland-Pony geduldig und überlegt ausbilde, komme ich völlig ohne solche Hilfsmittel aus. Auch ein verdorbenes Pony kann, wenn man in seiner Ausbildung wieder an den Anfang zurück geht, ohne diese Hilfsmittel korrigiert werden. Auf Ponyhöfen und auf der Kirmes sieht man leider immer wieder Shetland-Ponys mit Stoßzügel, einem Zügel, der manchmal sogar ohne elastisches Zwischenstück Sattelgurt und Gebissringe verbindet. Wenn das Pony seinen Kopf zu weit hebt, bekommt es einen heftigen Schmerz im Maul zu spüren. Wenn uns bewusst ist, dass wir unser Pony durch Schmerz im Maul nicht korrigieren können, sondern damit nur Vertrauen und Mitarbeit zunichte machen, fallen diese brutalen und oft undurchdachten Hilfsmittel von vornherein weg. Ein gut gymnastiziertes, gesundes Pony wird eine gute Vorwärts-Abwärts-Bewegung mit lockerem Rücken bald von selbst anbieten.

REITEN: AUCH EIN KINDERPONY BRAUCHT ERWACHSENE

Erwachsene auf Shetland-Ponys? Das gibts! Der ehemalige Sekretär der Shetland Zuchtvereinigung, Mr. Tom Myles, hat es auf einer Schau in England einmal vorgemacht: Er kam, mit Anzug und Krawatte, auf einem bildschönen Rappen über die Wiese geritten. Aber auch er musste seine Beine hochziehen, um nicht mitlaufen zu können. Es ist also eher die Größe, die uns davon abhält, als Erwachsene Shetland-Ponys zu reiten. Theoretisch kann ein kräftiges Shetland-Pony im Originaltyp das Gewicht eines Erwachsenen ohne weiteres tragen.

Es eignet sich aber, gerade wegen seiner kleinen Größe, hervorragend als Kinderpony, mit dem die Kinder den Umgang mit Pferden lernen können, ohne mit schwindelnden Höhen, riesigen Hufen und schweren Sätteln überfordert zu sein. Aber genauso, wie wir ein Kind wahrscheinlich nicht mit einem großen Warmblut alleine arbeiten lassen würden, sollten wir das bei einem Shetland-Pony auch nicht tun. Die kleinen Kerlchen sind ganz schön schlau und haben es schnell heraus, wie man Kinder austricksen kann. Und wenn ein Shetland-Pony erst mal gemerkt hat, dass es stärker ist als sein kleiner Reiter, ist es schwierig, ihm das wieder auszureden.

Lassen Sie also ein noch nicht gerittenes Shetland-Pony von erfahrenen Leuten ausbilden, oder bilden Sie es mit Hilfe eines Kindes, das schon gut reiten kann, selber aus. Wenn Pony und Reiter irgendwann sicher genug sind und gut miteinander zurecht kommen, kann man sie auch einmal

Ein strahlendes Paar, dass zusammen durch dick und dünn geht.
Foto: Christiane Slawik

alleine reiten lassen, das macht natürlich stolz. Verletzen Sie aber nicht ihre Aufsichtspflicht, indem Sie Kinder unbeobachtet mit einem Pony „spielen" lassen. Machen Sie den Kindern von Anfang an deutlich, dass ein Shetland-Pony kein Kinderspielzeug ist, aber beziehen Sie sie in die ernsthafte Arbeit mit den Ponys mit ein. Die Kinder lernen auf diese Weise verantwortungsvoll mit Pferden umzugehen und diese nicht wie Sportgeräte, sondern wie Lebewesen zu behandeln, deren Vertrauen man erst gewinnen muss.

Ausrüstung

Die Ausrüstung, die wir für unsere Shetland-Ponys brauchen, ist so schön, dass man fast geneigt ist, sie im Wohnzimmer an die Wand zu hängen. Wenn das Wohnzimmerklima für das Leder nicht so schlecht wäre, würden wir das bestimmt tun.

Zum Reiten benötigen wir ein gut sitzendes Kopfstück mit einem passenden Trensengebiss. Viele Kopfstücke sind so groß, dass sie für Shettys viel zu groß sind. Wir haben für unsere eigenen Shettys, zusätzlich zu den Kopfstücken des Fahrgeschirrs, für jedes Pony einen isländischen Trensenzaum, der aus einem schmalen Lederriemen besteht, in den man unendlich viele Löcher machen kann und der mit so genannten Schiffchen mit den Trensenringen verbunden ist. Manchmal hat er zur Sicherheit einen Lederriemen als Kehlriemen, der aber so locker verschnallt sein sollte, dass eine aufrechte Faust zwischen Kehle und Riemen passt. Wenn überhaupt vorhanden, ist der Sperrriemen nicht fest am Kopfstück befestigt, so dass Sie ihn weglassen können. Es ist nämlich wieder ein Hilfsmittel, das unser Pony daran hindern soll, etwas zu tun. Es soll nicht sperren, das heißt, es soll sein Maul nicht aufsperren und sich damit dem Gebiss entziehen. Wenn unser Pony aber mit einem gut sitzenden, nicht schmerzenden Gebiss gut ausgebildet wurde, wird es gar nicht sperren, sondern das Gebiss gut annehmen. Oftmals lassen sich die Sperrriemen gar nicht hoch genug schnallen, so dass sie das Pony auch noch am freien Atmen hindern. Beim Kopfstück des Fahrgeschirrs können wir die Sperrriemen so locker schnallen, dass sie keine Funktion haben, unser Pony also frei kauen und atmen kann. Sie sollten, wenn Sie den Sperrriemen weglassen, zwei Gummischeiben über das Gebiss ziehen, damit man es nicht versehentlich seitlich durchs Maul zieht. Das Gebiss sollte ein kleines doppelt gebrochenes Trainingsgebiss sein. Mit einer einfach gebrochenen Trense können wir unserem Pony mehr unnötigen Schmerz, vor allem am Gaumen und auf der Zunge zufügen, als man beim Anblick des Gebisses denkt. Das doppelt gebrochene Gebiss, das unter anderem von der Firma Sprenger hergestellt wird, hat ein rundliches Mittelteil, das für das Pony angenehm auf der Zunge liegt, und hat eine weichere Wirkung als das einfach gebrochene Gebiss. Wir müssen unbedingt darauf achten, dass das Gebiss optimal passt. Messen Sie deshalb den Abstand von Maulspalte zu Maulspalte und rechnen Sie für die Gummiringe etwa einen Zentimeter hinzu. Viele Shettys im Originaltyp benötigen eine Gebissbreite von 9,5 bis 10 Zentimeter.

Der Sattel für unser Shetland-Pony muss sowohl dem Pony als auch dem Reiter gut passen. Vor der Anschaffung muss darüber nachgedacht werden, was Sie mit dem Pony vorhaben. Je nachdem, ob das Pony klassisch oder western geritten werden soll, ob Sie Wanderritte unternehmen oder an Turnieren teilnehmen möchten, ist immer wieder ein anderer Satteltyp

*Eine gute Ausrüstung dient der Sicherheit und der Verständigung. Die Sicherheitssteigbügel an diesem Sattel verhindern ein Hängenbleiben, falls das Kind herunterfallen sollte. Auch die Reitkappe ist kein überflüssiger Luxus, sondern schützt vor Kopfverletzungen. Der Sperrriemen am Trensenzaum des Ponys sollte, ebenso wie der Nasenriemen, locker geschnallt oder abgenommen werden, da es keinen Grund gibt, dem Pony das Maul zuzuschnüren.
Foto: Christiane Slawik*

gefragt. Es gibt viele billige Ponysättel, die man im Versandhandel bestellen kann, oder, wie bei Shettys oft benutzt, so genannte Reitkissen, das sind flache Lederstücke, die direkt auf der Wirbelsäule des Ponys und häufig auch in der Nierengegend aufliegen. Machen Sie beim Sattel keine Kompromisse. Bei einem Sattel aus dem Versand können Sie davon ausgehen, dass er in den wenigsten Fällen passt. Das Pony bekommt Schmerzen, vielleicht auch Satteldruck, und wehrt sich vielleicht gegen den Sattel, ohne, dass Sie sofort wissen, warum es zum Beispiel buckelt oder steigt. Optimal wäre es natürlich, den Sattel maßanfertigen zu lassen. So weit müssen Sie aber das Budget nicht überbeanspruchen, es reicht aus, bei einer Firma, die mit Hilfe eines Computers messen kann, ob der Sattel passt, einen Sattel zu kaufen. Diese Firmen besuchen Sie zu Hause oder am Stall und bringen, wenn Sie Ihr Pony vorher genau vermessen und beschreiben, einige Sättel zur Auswahl mit und messen vor Ort Druckverteilung und Passform. Man kann natürlich auch mit dem Pony zu einer solchen Firma fahren, da ist die Auswahl am größten. Das Wichtigste ist, dass die Wirbelsäule des Ponys frei und beim Reiten nicht durch den Druck des Reiters belastet ist und dass der Sattel nicht auf der Schulter des Ponys liegt, damit diese sich frei bewegen kann.

Zusätzlich ist es ratsam, als Sattelunterlage, auch bei einem gut passenden Sattel, ein Pad unter zu legen, dass durch seine Form ebenfalls garantiert, dass die Wirbelsäule frei bleibt.

Die deutsche Wanderreiterakademie hat in Zusammenarbeit mit Sattlern und anderen Fachleuten ein Pad entwickelt, das mit druckabsorbierenden Matten gefüllt ist, die auch in der Krankenpflege gegen das Durchliegen eingesetzt werden. Dieses so genannte Kodel-Pad können Sie in Pferde-Größe auf dem Fischerhof beziehen, wobei Sie vermutlich aus einem Pferdepad zwei Shettypads machen können. Hier ist wieder handwerkliches Geschick gefragt, weil, wie so oft bei Shetland-Ponys, etwas kleiner gemacht werden muss.

Haben Sie eine gute Ausrüstung für Ihr Shetland-Pony zusammengestellt, brauchen Sie aber nicht mehr weiter zu investieren und auch nicht zu experimentieren. Auf Pferdemessen wird es dann fast langweilig, weil Sie schon alles haben, was Sie brauchen. Macht nichts, schauen Sie sich dann lieber die schönen Vorführungen an, statt beim billigen Jan vermeintliche Schnäppchen mit Billigware zu machen. Eine qualitativ hochwertige Ausrüstung hält bei guter Pflege vielleicht länger als ein Shetty-Leben und kann noch für weitere Shetland-Pony-Generationen umgearbeitet werden. Sattel mit Pad, Trensenzaum mit Zügeln und Gebiss, Doppellonge und Longiergurt sowie ein Wanderreithalfter mit Strick sind die notwendige Grundausrüstung, die vorhanden sein sollte, wenn Sie mit dem Einreiten Ihres Shetland-Ponys beginnen wollen. Es kann losgehen!

Einreiten

Nach guter Grundausbildung und im Alter von ungefähr vier Jahren (unser Shetland-Pony ist frühestens zu diesem Zeitpunkt gut in der Lage, einen Reiter mit angemessenem Gewicht zu tragen) können wir mit dem Einreiten beginnen. Wenn Sie nicht ganz so viel Geduld haben, bis zum vierten Lebensjahr zu warten, können Sie auch im Herbst, wenn das Pony noch drei ist, mit den ersten Übungen beginnen und es dann im Winter ruhen lassen, damit es alle neuen Eindrücke erst einmal verarbeiten kann.

Da das Pony die Arbeit im Longierzirkel oder Round-Pen schon gut kennt, ist es sinnvoll, auch in diesem vertrauten Rahmen mit den ersten Übungen zu beginnen. Der Platz ist überschaubar und begrenzt, so dass sich unser Pony leichter auf uns konzentrieren kann. Wir haben am Anbindebalken oder beim Longieren schon den Sattel aufgelegt und vorsichtig angegurtet. Jetzt führen wir unser Pony mit dem Sattel in den Round-Pen und longieren es einige Runden locker in beide Richtungen, damit es sich an das Gefühl gewöhnt, einen Sattel zu tragen. Manche Ponys buckeln dann ganz fürchterlich und versuchen, das unbekannte Ding auf ihrem Rücken loszuwerden, andere laufen mit Sattel wie ohne und sind ganz unproblematisch. Hat das Pony den Sattel akzeptiert, bitten wir ein Kind, das gut reiten kann, keine Angst hat und von Größe und Gewicht her gut zu dem Pony passt, erst einmal nah am Pony zu stehen und sich gegen den Sattel zu lehnen. Sprechen Sie beruhigend mit dem Pony und lassen Sie das Kind langsam um das Pony herumgehen, es fest streicheln und kraulen und auf der anderen Seite gegen den Sattel lehnen. Streichen Sie auch mit den Händen an der Seite und unter dem Bauch fest über das Fell, damit das Pony sich daran gewöhnt. Diese Übungen wiederholen Sie einige Tage, bis das Kind dann beginnt, am Sattel auf und ab zu hüpfen und sich mit Ihrer Hilfe über den Sattel zu legen. Klappt auch dies problemlos und haben Sie das Gefühl, dass das Pony davor keine Angst hat, kann sich das Kind mit Ihrer Hilfe schon einmal in den Sattel setzen (ein Helfer, der es auffangen kann, falls das Pony losbuckelt, muss unbedingt daneben stehen!). Auf keinen Fall sollte das Kind die Füße schon in die Steigbügel stellen, damit es nicht darin hängen bleibt, falls das Pony losrennt. Es muss ruhig sitzen und sich ganz auf das Pony konzentrieren. Führen Sie nun das Pony einige Runden, wobei sich das Kind nur am Sattelhorn oder am Sicherheitsbändchen festhält und noch keine Zügel in der Hand hat.

Später, wenn das Führen mit Reiter gut klappt, können Sie das Kopfstück mit doppelt gebrochener Trense auflegen, das das Pony ja auch schon aus der Grundausbildung kennt. Der Reiter kann nun die Zügel locker in die Hand nehmen und unterstützende Hilfen geben, die das Pony aus der Doppellongenarbeit kennt. Setzen Sie auch alle bisher erarbeiteten Stimmkommandos ein, damit das Pony genau weiß, was Sie meinen. Erst wenn alle diese Übungen gut klappen, sollten Sie das Pony aus dem Round-Pen herausführen und über eine größere, aber möglichst bekannte Fläche führen, die sinnvollerweise auch eingezäunt sein sollte. Führen Sie an der langen Longe, damit sich Pony und Reiter frei bewegen können, Sie aber im Notfall immer eingreifen können. Die ersten Versuche ohne Longe machen Sie am besten wieder im Round-Pen oder, falls vor-

handen, in einer umzäunten Reitbahn oder Reithalle.

Laufen Sie immer noch nebenher und bleiben Sie so lange im Schritt, bis das Pony diese Gangart mit Reiter sicher läuft. Wenn das Pony die Kommandos Anhalten, rechts, links und Rückwärtsrichten mit Reiter beherrscht, können Sie es langsam, erst wieder an der Longe, antraben lassen. Der Reiter muss in der Lage sein, sofort leicht zu traben, das heißt, bei jedem Vortreten der äußeren Schulter des Ponys in den Bügeln aufzustehen und sich schon beim nächsten Schritt wieder zu setzen, damit das Pony traben nicht mit Rückenschmerzen verbindet. Mit dem Aussitzen, dem Sitzenbleiben beim Traben, kann man erst beginnen, nachdem sich das Pony an die Bewegung mit dem Reitergewicht gewöhnt hat. Erst wenn das Pony locker und entspannt im Schritt und Trab läuft, alle Hilfen und Kommandos versteht und der Reiter sich auf dem Pony sicher fühlt, kann man einen kurzen Galopp versuchen. Die Zügel müssen dafür etwas mehr aufgenommen werden, der Galopp sollte aus einer Biegung, also am besten aus einer Ecke heraus, begonnen werden. Das Pony muss die Hilfe des leicht zurückgelegten äußeren Schenkels erst kennen lernen, kann diese aber mit Hilfe des beim Longieren erarbeiteten Kommandos („canter" oder „gallop") besser verstehen. Wenn es gut klappt, lassen Sie den Reiter eine lange Seite galoppieren und dann wieder zum Trab durchparieren. Um ein Pony in allen Gangarten gut reiten zu können, muss es nämlich noch eine Weile gut üben, bis man diese bei einem lockeren, gut gymnastizierten Pony abrufen kann. Eine gute Möglichkeit ist es, nach dem Einreiten Reiter und Pony regelmäßig an einem qualifizierten Reitunterricht teilnehmen zu lassen. Sonst schleichen sich allzu schnell Fehler oder gar Schwierigkeiten ein, die wir selbst nicht mehr korrigieren können. Suchen Sie sich unbedingt einen Shetty-freundlichen Reitlehrer oder eine Reitlehrerin, die nicht sofort versuchen, Ihrem Kind ein größeres Pony aufzuschwatzen. Vielleicht haben Sie sogar die Möglichkeit, sich mit anderen Eltern zusammenzutun und eine Shetland-Pony-Reitstunde zu gründen. Oder Sie besuchen in den Ferien mit Pony und Kind einen Ponyhof, auf den man sein eigenes Pony mitbringen darf. Hier lernen Reiter und Pony mit Spaß und in Kinder- und Pony-freundlicher Umgebung. Überfordern Sie aber weder Kind noch Pony, schließlich sollen sie ja noch einige Jahre Freude miteinander haben, bevor das Kind für das Pony zu groß geworden ist. Aber spätestens dann können Sie ja das Pony einfahren und weiterhin mit der ganzen Familie Spaß an Ihrem Shetty haben.

Training

So, wie wir nicht untrainiert einen Marathon-Lauf machen können, kann unser Shetland-Pony natürlich auch kurz nach dem Einreiten noch keine Höchstleistung vollbringen. Dafür ist kleinschrittig aufgebautes und vor allem regelmäßiges Training nötig. Das Pony sollte mindestens jeden zweiten Tag gearbeitet werden, wobei man die Belastung langsam aufbaut. Schrittphasen zu Beginn und am Ende müssen sein, damit die Muskulatur locker und langsam erwärmt wird und sich, am Ende des Trainings, auch wieder entspannen kann. Wenn der Reiter keine Zeit hat, trainieren Sie das Pony an der Longe oder, wenn es schon eingefahren ist, vor der Kutsche.

Trainieren Sie die Kondition, indem Sie, langsam aufbauend, nach einer Schrittphase von mindestens zehn Minuten mit einer Trabphase von höchstens fünf Minuten beginnen, die Sie täglich um fünf Minuten verlängern, bis das Pony zwanzig Minuten im Trab locker durchhält. Lassen Sie Ihr Pony aber, wenn möglich, nicht zwanzig Minuten auf Asphalt traben, auch wenn es beschlagen ist. Der Asphalt gibt nicht nach und demnach werden Sehnen und Gelenke zu stark belastet.

Ein trainiertes und ausgewachsenes Pony kann aber in Ausnahmefällen, wenn es sich nicht vermeiden lässt, auch einmal zwanzig Minuten auf Asphalt traben, ohne dass man anschließend den Tierarzt rufen muss. Kühlen Sie aber nach dem Ritt Beine und Hufe einige Minuten lang, da sie, gerade bei hartem Boden übermäßig stark beansprucht werden.

Parallel zum Konditionsaufbau wird das Pony gymnastiziert, es werden dazu, möglichst unter Anleitung, Bahnfiguren geritten oder es wird – was Reiter und Pony sicher mehr Spaß macht – um Tonnen, über Cavalettis und durch das Stangenlabyrinth geritten. Bauen Sie einen Trailparcours für die kleinen Reiter und ihre Shettys: Tonnen, die im Slalom umritten werden müssen, Cavalettis, bei denen die Reiter absteigen, über das Cavaletti balancieren und dabei ihr Pony führen müssen, aufgehängte Eimer, aus denen man, vom Pony aus, einen Tennisball nehmen und in den nächsten Eimer werfen muss, und für die Fortgeschrittenen sogar Eierlaufen auf dem Pony. Hier sind Ihrer und der Phantasie Ihrer Kinder keine Grenzen gesetzt, die Übungen so interessant wie möglich zu machen und vielleicht sogar mal einen kleinen Wettbewerb zu veranstalten, bei dem jeder mit seinem Shetty sein Bestes geben kann. Die Ponys und die Kinder lernen so spielerisch Vertrauen, Sicherheit und zügelunabhängigen Sitz ohne Angst, aber mit viel Spaß!

Egal in welcher Disziplin: Shetty-Reiten macht einfach Spaß! Trotzdem aber bitte immer mit Kappe!
Foto: Christiane Slawik

Freizeit, Dressur, Springen, Gelände, Wanderritt, Turnier

Sie sind begeisterter Wanderreiter und möchten Ihre Kinder mitnehmen? Für Shetland-Ponys kein Problem – bei guter Ausbildung und regelmäßigem Training können die Shettys alles, was auch die Großen können, nur die Wassergräben bei Marathonturnieren sind manchmal zu tief. Arbeiten Sie schon in der Grundausbildung auf das spätere Ziel hin. Ein Wanderreitpony kann zum Beispiel mit einem sicheren Führpony als Handpferd mitgenommen werden. Dies kann bei weniger sicheren Shettyreitern auch bei kleinen Ausritten eine große Hilfe sein.

Vergessen Sie nicht, dass auch ein Freizeitpony eine solide Grundausbildung braucht und auch ein Pony, das auf Turnieren springen soll, gymnastiziert werden muss und deshalb konsequent dressurmäßig gearbeitet werden sollte. Mit dem Freizeitpony können Sie die im Trainingskapitel beschriebenen Spiele machen, kleine Reiter spazieren führen, in der Reitstunde mitreiten und dem Pony kleine Kunststückchen beibringen, die die intelligenten Shetland-Ponys schnell lernen. Dies alles können Sie auch mit dem Shetland-Pony machen, das auf Turnieren mit einem kleinen Reiter eine Dressur gehen soll. Neben der weiteren Ausbildung des Ponys braucht der Reiter guten Unterricht, um den Anforderungen einer Dressurprüfung gerecht zu werden.

Lassen Sie sich hier von guten Reitlehrern beraten und ehrlich sagen, wann Reiter und Pony so weit sind, dass sie an so einer Prüfung teilnehmen können.

Wanderritt mit Shetty - hier trägt das Pony das Gepäck und wird als Handpferd mitgeführt.
Foto: Christiane Slawik

Diese Minishettystute springt ohne Reiter höher, als sie groß ist.
Foto: Christiane Slawik

Auch diese Prüfungen bauen aufeinander auf und beginnen mit einer leichten Reiterprüfung, in der Reiter und Pony zeigen können, wie gut sie miteinander in den Grundgangarten und mit leichten Bahnfiguren zurecht kommen.

Je nachdem, für welchen Reitstil Sie sich entscheiden, und mit welcher Ausrüstung Sie das Pony ausgestattet haben, können Sie verschiedene Wege gehen. Shetland-Ponys können oft viel mehr, als man denkt.

Es gibt gut ausgebildete Shetland-Ponys, die die Sprünge in einem E-Springen ohne weiteres nehmen können und aufgrund ihrer Schnelligkeit und Wendigkeit schon für manche Schleife über dem Bett ihres stolzen Reiters gesorgt haben. Bauen Sie auch das Springtraining langsam auf, verlangen Sie von Reiter und Pferd nichts, was sie nicht leisten können und lassen Sie alle anderen Übungen nicht zu kurz kommen. Dann wird das sichere Shetland-Pony, das sich vor nichts mehr erschreckt, auch vor applaudierendem Publikum so manche Hürde nehmen.

Für die ganz kleinen Reiter gibt es auf Turnieren oft eine Führzügelklasse. Was meinen Sie, wie goldig eine kleine Reiterin, womöglich mit weißer Schleife im Haar, auf ihrem herausgeputzten Shetland-Pony mit stolzer Mama oder Papa, die das Pony führen, aussieht! Gerade hier sind die ausgeglichenen Shetland-Ponys wahre Meister im geduldigen Warten und braven Mitlaufen, die schon diese ersten Turniere zu einer schönen Erfahrung für alle Beteiligten werden lassen.

Selbstverständlich kann auch ein Shetland-Pony im so genannten

Intelligent, lernwillig und leistungsstark

Western-Stil ausgebildet werden und beachtliche Leistungen zeigen. Es reicht aber nicht aus, einen Westernsattel draufzulegen und Cowboy zu spielen. Auch beim Westernreiten gibt es spezielle Ausbilder für Reiter und Pferd und besondere Prüfungen, in denen man das Gelernte erproben kann.

Mit einem Westernsattel darf man aber keine E-Dressur auf einem klassischen Turnier reiten. Erkundigen Sie sich deshalb früh genug nach den Voraussetzungen, um Enttäuschungen zu vermeiden.

Dieses Shetland-Pony wird von seiner Reiterin western geritten und ist mit einem Westernsattel und einem Westernzaum ausgestattet. Die Ausrüstung allein genügt aber nicht – western reiten will, wie alle anderen Reitstile auch, gelernt sein. Die kleine Reiterin muss noch lernen, dass bei dieser Zäumung einhändig geritten wird.
Foto: Christiane Slawik

SHETLAND-PONYS

Drei Shetland-Ponys vor dem Römerwagen geben nicht nur schönes Schaubild, sondern fahren sogar den Großen davon.
Foto: Christiane Slawik

FAHREN: DA STAUNEN DIE GROSSEN

Kutsche fahren ist eine schöne Freizeitbeschäftigung und kann bis zum Turniersport ausgebaut werden. Aber nur mit Shetland-Ponys kann man ohne Sponsor mehrspännig fahren, bei großen Pferden wegen der Anschaffungs- und Haltungskosten ein nahezu unbezahlbarer Sport. Vieles ist mit den Kleinen einfacher – die Kutsche hat in der Garage Platz (das Auto dann allerdings nicht mehr), das Geschirr ist handlicher, alle Handgriffe kosten weniger Kraft und nicht zuletzt ist das Fahren weniger anstrengend als bei großen Pferden. Auch wenn regelmäßiges Training Grundlage guter Leistungen ist, ist ein Shetland-Pony, das einige Tage nicht gearbeitet wurde, sofort wieder normal einsetzbar. Es setzt seine Energie dosiert um, ohne sich vor der Kutsche auszutoben. Shettys fahren ist etwas Besonderes – der Umstieg auf eine andere Pferderasse hat schon so manchen erstaunt. Araber fahren zum Beispiel ist viel schwieriger.

Von Kraft, Ausdauer und Überforderung

Machen Sie sich nichts draus, wenn Sie bei einer Kutschenausfahrt mit Ihren Shetland-Ponys belächelt werden. In diesen kleinen Kraftpaketen steckt mehr, als die Größe vermuten lässt. Wenn wir als Erwachsene auch nicht auf den Shettys reiten können, so kann ein Shetland-Pony einen Erwachsenen ohne weiteres ziehen.

Eine herausragende Besonderheit der Shetland-Ponys ist es, dass sie, gemessen an ihrer geringen Größe, im Verhältnis mehr Gewicht ziehen können als große Pferde. Dr. Flade, ein erfahrener Shetland-Pony-Experte, hat beobachtet, dass Shetland-Ponys, im Gegensatz zu anderen Zugpferden, beim Anziehen einer Last die Bewegung mit der Kraft der Hinterbeine

Für diesen kleinen Kerl vom Gestüt Soestblick ist es kein Problem, seine Fahrerin im leichten Sulky zu ziehen.
Foto: Christiane Slawik

SHETLAND-PONYS

Bei einer gemeinsamen Kutschenausfahrt mit großen Pferden können Shettys ohne weiteres mithalten.
Foto: Christiane Slawik

erzeugen und damit sich und die zu ziehende Last vorwärts bringen.

Ein paar Faktoren muss man natürlich trotzdem beachten: Die Kutsche darf nicht zu schwer sein und sollte leicht laufen und ein Shetty reicht nicht aus, um die ganze Familie nebst Oma und Hund auf der Sonntagsspazierfahrt über Land zu ziehen. Eine Faustregel: Ein Pferd kann auf normaler, gerader Strecke zweimal sein eigenes Gewicht ziehen. Und was wiegt ein Shetland-Pony? Wir wollten es genau wissen und haben unsere beiden Shetland-Ponys auf einer Waage bei einer Firma gewogen, die Baustoffe verkauft. Beide Ponys haben ein Stockmaß (die Ponyhöhe mit Hilfe eines Stockes am Widerrist gemessen) von einem Meter. Unser Dicker wiegt 220 kg, sein weniger verfressener Kumpel, der allerdings auch einen insgesamt weniger stämmigen Körperbau hat, nur 180 Kilogramm. Im Durchschnitt kann man bei einem Stockmaß von etwa einem Meter von 200 Kilogramm Gewicht ausgehen. Dies ist nicht nur für die Zugkraft, sondern auch für die Bemessung der Wurmkur und der Impfstoffmenge wichtig. Ein Shetland-Pony, das ungefähr 200 Kilo wiegt, kann also bis zu 400 Kilo ziehen. Eine Shetty-Kutsche für mehrere Personen muss nicht mehr als 150 Kilo wiegen, wiegt aber leider oft mehr. Trotzdem kann also ein Shetty einen schweren Erwachsenen in einer nicht zu schweren Kutsche ziehen. Oder eben einen etwas leichteren Erwachsenen und ein Kind. Oder eine leichte Kutsche, wie unseren eigenen einachsigen Buggy-Gig, der 70 Kilo wiegt, mit zwei Erwachsenen, die auch jeweils 70 Kilo wiegen: insgesamt 210 Kilo, für ein einzelnes Shetty durchaus zu machen. Da aber das zweispännige Fahren noch mehr Spaß macht und Sie ja sowieso, weil es Herdentiere sind, zwei Shettys haben, ist es zweispännig vor einer gut laufenden Kutsche, die um die 150 Kilo wiegt, kein Problem, die ganze Familie mitzunehmen. Wenn Sie vier- oder gar sechsspännig fahren, darf auch noch die Patentante mit – wenn sie sich traut. Die Kleinen sind nämlich ganz schön flott und können es vom Tempo her gut mit den Großen aufnehmen. Keine Sorge also, wenn Ihre Kutsche beim Kutschenkorso die einzige Shetty-Kutsche ist. Im Schritt können sie nicht immer mithalten, im Trab überholt aber so manches Shetty einen Friesen mit links, weil der seine Kraft vor allem in die schöne Knieaktion steckt. Wenn die Shettys also eine gute Kondition haben und längere Trabstrecken durchhalten können, steht einer Ausfahrt mit den Großen nichts mehr im Wege. Inzwischen gibt es aber so viele begeisterte Shetty- Fahrer, dass ab und zu reine Shetty-Fahrten organisiert werden. Eine ganze Gruppe verschiedener Shetty-Anspannungen sieht natürlich besonders schön aus und das Tempo ist ausgeglichener.

Leider kommt es immer wieder vor, dass Shettys und andere Ponys an einem schönen Frühlingssonntag aus dem Stall geholt werden und ohne Vorbereitung eine lange Strecke laufen sollen. Manchmal ist die, vielleicht mit guten Absichten selbst gebaute Kutsche, viel zu schwer, dass Geschirr passt nicht ordentlich und dann darf auch noch jeder der Mitfahrenden seine Fähigkeiten als Kutscher erproben. Abgesehen davon, dass bei solchen Ausflügen, die meisten, häufig schweren Kutschfahrunfälle geschehen, ist es natürlich auch für das Pony eine Tortur. Gerade unter den Hobbyfahrern,

Das Fahrgeschirr zum Zweispännerfahren steht schon bereit. Der Geschirrwagen ist aus einem großen Stück Abflussrohr, einem Schreibtischbock, vier Rollen und einer Putzkiste selbst gebaut.
Foto: Dorothee Dahl

die neben anderen Freizeitbeschäftigungen auch noch irgendwo ein Shetland-Pony herumstehen haben, wird leider das Thema Ausbildung und Ausrüstung nicht so genau genommen. Helfen Sie mit, dieses Bild zu verändern! Schönes Fahren mit fitten und gesunden Shetland-Ponys macht Spaß und wenn wir wissen, dass es unseren Pferden gut geht, können wir sie auch guten Gewissens für unsere Zwecke nutzen und es weit damit bringen, wie zum Beispiel der international sehr erfolgreiche Niederländer Aart van de Kamp, der mit seinem Shetty-Vierspänner schon so manchem Profi mit größeren Ponys davongefahren ist.

Ausrüstung

Auch die Fahrausrüstung für Shetland-Ponys ist besonders schön, weil alles so klein und fein aussieht. Keine kiloschweren Brustblätter und keine mächtigen Selette. Alles ist gut zu handhaben und leicht zu verschnallen. Nur Bücken oder Hinknien muss man sich häufiger als bei großen Pferden, aber das hält ja schließlich fit!

Wie der Sattel muss natürlich auch das Fahrgeschirr gut sitzen und darf das Pony nicht an Bewegungen hindern. Das Leder muss strapazierfähig sein, alle Nähte müssen haltbar und gut vernäht sein, damit nichts scheuert. Fahrgeschirre kann man billig im Pferdesportversandhandel bestellen, anschließend hat man aller-

*Diese Shetty-Kutsche von Hansmeier ist passend, schön und preiswert.
Auf den Rücksitzen kann man Familie, Freunde, Hund und Picknickkorb mitnehmen.
Foto: Dorothee Dahl*

dings meistens nichts als Ärger. Leinenringe brechen nach kurzer Zeit ab, alle Teile, die verschnallt werden müssen, lassen sich nicht passend verschnallen, das Leder ist von minderer Qualität und wird nach kurzer Zeit, aber spätestens nach dem ersten Regen brüchig. Die Fahrleinen sind oft so hart, dass sie selbst nach monatelangem Fahren und Pflegen nicht weich zu kriegen sind.

Sparen Sie also auch hier nicht am falschen Ende. Es muss kein maßgefertigtes Geschirr sein, auch wenn das natürlich die besten sind, weil sie qualitativ hochwertig sind und wie angegossen passen, aber es sollte ein gut genähtes Geschirr sein, aus einer haltbaren Lederqualität und so, dass man es ohne Kompromisse passend schnallen kann. Auch Geschirrmacher verkaufen hochwertige Geschirre „von der Stange", helfen Ihnen beim Anpassen und führen, falls notwendig, fachmännisch Änderungsarbeiten durch. Und der Pferdesportversandhandel bietet ebenfalls, neben den Billigangeboten, auch bessere Geschirre an. Lassen Sie sich dann aber unbedingt bei der Bestellung und beim Anpassen von einem erfahrenen Kutschfahrer beraten. Für Brustblatt, Selett und Bauchgurt gibt es außerdem Unterlegkissen, die den Druck besser verteilen und ein Scheuern des Leders auf der Haut des Pferdes verhindern. Gerade bei langen Fahrten ist es sinnvoll, diese unter zu legen, auch wenn das Geschirr optimal passt. Achten Sie außerdem darauf, dass das Kopfstück mit den Scheuklappen nicht zu grob wirkt. Manche kleinen Kopfstücke haben riesige Stirnriemen und Scheuklappen in der Handtellergröße eines Riesen. Das sieht nicht nur unschön aus, sondern ist auch noch unzweckmäßig. Der Stirnriemen sitzt nicht richtig wenn er zu groß ist und die Scheuklappen schränken das Gesichtsfeld des Ponys mehr ein als gewünscht. Oft klemmen schlecht passende Kopfstücke außerdem hinter den Ohren der Shettys. Das tut dem Pony nicht nur weh, sondern kann Unarten wie Kopfschütteln oder Abstreifen des Kopfstückes fördern.

Nun brauchen Sie noch eine Fahrpeitsche, die traditionell zu der jeweiligen Anspannung passen sollte, zum Beispiel fährt man bei einer englischen Anspannung mit Kumt mit einer Bogenpeitsche und bei der Anspannung mit Brustblatt beim ungarischen Stil mit der so genannten Juckerpeitsche. Bei der Landanspannung verwendet man eine schlichte Stockpeitsche. Die meisten Peitschen sind für Shettyanspannungen zu lang. Hier können Sie natürlich auch wieder maßanfertigen lassen, oder eine normal große Peitsche am Stock und am Schlag einkürzen.

Und jetzt kommt das Schönste: die Kutsche! Nehmen Sie sich Zeit beim Aussuchen und fahren Sie, wenn möglich, in die Firmen oder auf Messen, um sich die Kutschen genau ansehen zu können. Einmal jährlich, Ende November oder Anfang Dezember, findet in s'Hertogenbosch in den Niederlanden die große Kutschfahrmesse *Paard en Koets* (Pferd und Kutsche) statt. Dort sind fast alle Hersteller und Importeure vertreten und es gibt jede Menge Auswahl. Eine gute Kutsche zu finden, die von den Proportionen her gut zu den kleinen Shetland-Ponys passt und nicht zu schwer ist, ist gar nicht so einfach. Immer wieder sieht man kleine Shetland-Ponys vor viel zu großen Kutschen. Meist sind es Marathonwagen, bei denen der Fahrer hoch über den Shettys

INTELLIGENT, LERNWILLIG UND LEISTUNGSSTARK

Damit man mit diesem etwas feineren Marathonwagen den Weg auch im Dunkeln findet, ist der Wagen mit kleinen Kutschlampen ausgestattet, in denen echte Kerzen brennen.
Foto: Dorothee Dahl

thront und sie gewissermaßen von oben steuert. Das kann man natürlich machen, solche Kombinationen gewinnen auch erfolgreich Fahrturniere, für das Freizeit- und Wanderfahren sollte das Bild meiner Meinung nach aber stimmen, weil es hier nicht nur um Funktionalität, sondern auch um die Schönheit des Gespanns geht. Manche Kutschen für Shetland-Ponys sind so gebaut, dass der erwachsene Fahrer mit angezogenen Knien fahren muss, was weder komfortabel noch sicher ist. Viele der selbst gebauten Kutschen sind zu schwer oder laufen nicht leicht genug.

Wo können wir nun die optimale Shetty-Kutsche finden? Es gibt einige Anbieter im Fahrsport, die sich unter anderem auf Kutschen für kleine Ponys spezialisiert haben. In England ist es nicht außergewöhnlich, dass Erwachsene mit Shetland-Ponys fahren, dort bietet zum Beispiel der Hersteller Bennington kleine Modelle an, die aber für Shetland-Ponys mit einem Stockmaß von etwa einem Meter immer noch etwas zu groß sind.

Die deutsche Firma Kühnle stellt wunderschöne, qualitativ sehr hochwertige Kutschen her und bietet den Service, jede Kutsche in der gewünschten Größe anzufertigen. Solcher Luxus hat natürlich seinen Preis. Wenn Sie nicht ganz so tief in die Tasche greifen wollen, können Sie, wie bei den gleichnamigen Autos, aus dem Smart-Turm der Firma Hansmeier einen Marathonwagen oder Jagdwagen auswählen, der zweckmäßig, passend und bezahlbar ist. Und auch dieser wird nach Ihren Wünschen verändert oder angepasst, damit Sie optimalen Fahrspaß genießen können. Nur Extra-Wünsche

Auch dieser Buggy Gig der englischen Firma Bennington, der hier mit der seltenen Kap'schen Anspannung gezeigt wird, musste für die Shetland-Ponys „tiefer gelegt" werden.
Foto: Dorothee Dahl

FAHREN 81

kosten mehr, einfache Anpassungen sind im Preis enthalten. Machen Sie aus dem Kutschenkauf einen schönen Ausflug und lassen Sie sich ausführlich beraten. Und wenn Sie erst einmal mit dem Kutschenvirus infiziert sind, bleibt es sowieso nicht bei einer Kutsche. Wie wäre es zum Beispiel mit einem antiken Wagen, selbst restauriert, mit dem sie bei Kutschenkorsos mitfahren können, die nur alte Kutschen mit Fahrern in passender Kleidung zulassen? Oder vielleicht ein kleiner platter Wagen, mit dem Sie mit Ihren Ponys das Heu beim Bauern holen oder von der Wiese in den Stall bringen können? Gewöhnen Sie Ihr Auto schon mal ans Draußenstehen, denn Ihre Garage wird vermutlich bald zur Kutschenremise mit eingebauter Geschirrkammer umfunktioniert. Das ist das Schöne an Shettykutschen – sie sind so klein, dass man mehrere auch auf wenig Raum unterbringen kann. Auch das Anspannen und Rangieren ist mit den kleinen Kutschen natürlich viel leichter als mit den großen. Inzwischen gibt es Pferdeanhänger, bei denen man die Kutsche auf die Deichsel stellen kann, auch das geht mit einer kleinen Kutsche besser und leichter als mit einer großen.

Überlegen Sie sich, was Sie mit Ihren Shettys und der Kutsche machen möchten. Spazierfahrten mit der Familie sind im Prinzip in der gleichen Kutsche möglich, mit der Sie auch auf einem Fahrturnier starten können. Trotzdem müssen Wagen für die Turnierteilnahme bestimmte Kriterien erfüllen, bei denen nicht jede Freizeitkutsche mithalten kann. Denken Sie also vorausschauend und informieren Sie sich schon vor dem Kutschenkauf über eventuelle Vorschriften, falls Sie eine spätere Turnierteilnahme nicht ausschließen. Je nachdem, ob Sie auf einem Turnier nur an Dressurprüfungen oder auch an Marathonwettbewerben teilnehmen wollen, muss die Kutsche dementsprechend gebaut sein und bestimmte Abmessungen haben, die gegebenenfalls auch angepasst werden können. Eine feine, leichte Kutsche für die Dressur ist den Anforderungen einer Marathonfahrt mit Wasserdurchquerungen und Matschwegen nicht unbedingt gewachsen, mit einem Marathonwagen können Sie umgekehrt aber eine Dressur fahren. Lassen Sie sich gut beraten und kaufen Sie als Erstes eine Allround-Kutsche, mit der vieles möglich ist. Später können Sie immer noch verkaufen, tauschen oder Ihren Fuhrpark ergänzen.

Einfahren

Die Ausrüstung ist komplett, das Wetter wird schön, da würde man am liebsten gleich anspannen und losfahren.

Natürlich können Sie ein bereits eingefahrenes Shetty samt Ausrüstung kaufen oder Ihr Shetland-Pony bei einem Fahrstall einfahren lassen. Wenn Sie aber Zeit, Geduld und fachkundige Hilfe haben, ist es sicherlich eine schöne Erfahrung, Ihr Pony selbst einzufahren. Bitten Sie aber einen Bauern, für die ersten Übungen vor der Kutsche eine eingezäunte Wiese benutzen zu dürfen, und probieren Sie es bloß nicht allein. Wenn es schief gehen sollte, kann nicht nur Ihnen und dem Pony etwas passieren, alle Vorübungen sind dann auch erst mal vergessen, weil das Pony nun vermutlich Angst hat. Ich will aber nicht den Teufel an die Wand malen, denn wenn man nichts übereilt und alle wichtigen Schritte in Ruhe übt, besteht eigentlich kein Grund zur Sorge. Vergessen wir nur nicht, dass wir es mit einem manchmal doch nicht berechenbaren Lebewesen zu tun haben, das zudem noch ein Fluchttier ist.

Auch für das Einfahren sind die Elemente aus der Grundausbildung die beste Basis. Wiederholen Sie, wenn Sie mit dem Training beginnen, immer wieder wichtige Übungen, wie zum Beispiel das Halten und Stehenbleiben. Langsam kommen die für das Einfahren spezifischen Übungen hinzu. Wir gewöhnen das angebundene Pony an das Fahrgeschirr, indem wir es in aller Ruhe auflegen, angurten, einige Zeit am Pony lassen (hier müssen Sie dabeibleiben, wenn Sie vermeiden möchten, dass das schöne Geschirr Opfer einer Scheueraktion wird). Das Kopfstück wird erst zum Schluss angelegt, daran hat sich unser Pony ja auch schon während der Boden- und Longenarbeit gewöhnen können. Schnallen Sie zu Beginn auch das dreiteilige Trensengebiss ein, das Sie zum Üben verwendet haben. Wenn das Pony eingefahren ist und in Balance ist, können Sie auf ein Stangengebiss wie etwa eine Fahrkandare umsteigen. Diese muss aber unbedingt optimal passen und verschnallt werden und gehört nur in erfahrene Hände. Binden Sie niemals ein Pferd mit den Zügeln oder einem Anbindeseil am Gebiss an. Wenn es zurückschreckt, kann es sich mit dem Gebiss im Maul den Unterkiefer brechen. Ziehen Sie ein größer geschnalltes Halfter über das Kopfstück oder ein Seilknotenhalfter darunter. Man kann das Pony bei den ersten Übungen dann auch leichter am Halfter führen, während ein Helfer schon vorsichtig die Leinen aufnimmt. Voraussetzung ist natürlich, dass wir das Fahren vom Boden aus bereits vorher geübt haben. Setzen Sie diese Arbeit nun mit dem ganzen Geschirr fort, wobei die Stränge abgeschnallt oder hochgebunden werden müssen. Berühren Sie immer wieder die Beine des Ponys, damit es sich davor nicht mehr erschreckt. Alle diese Übungen müssen mit äußerster Ruhe geschehen, Hektik, laute Stimmen oder gar Strafen versteht unser Pony nicht, verbindet dies aber sehr schnell mit den Übungen und wird selbst unruhig.

Um unserem Pony das Ziehen beizubringen, legen wir das Brustblatt, das Selett und das Kopfstück auf, befestigen ein Ortscheit (das sind die Stangen, an denen die Stränge mit der Kutsche verbunden werden) oder einen Besenstiel an den Strängen und hängen, zum Beispiel mit Hilfe einer Kette und eines Karabinerhakens, einen nicht zu schweren Autoreifen dahinter. Führen Sie das Pony jetzt mit den bekannten Kommandos an und beruhigen es mit Ihrer Stimme, wenn es sich vor dem Schleifgeräusch des Reifens erschreckt. Laufen Sie nun so lange mit Ihrem Pony und dem Reifen, bis es ruhig mitgeht und sich um das merkwürdige Ding hinter ihm nicht mehr schert. Üben Sie immer wieder anhalten und wieder anziehen. Diese Übung können Sie einige Tage hintereinander machen und wenn es gut klappt, auch über kleine Feldwege und später auch durch Wohnstraßen laufen. Hier begegnen Ihnen und dem Pony schon alle Dinge, die Sie auch mit der Kutsche treffen können. Vermeiden Sie keine schwierigen Dinge, sondern sehen Sie jeden Rasensprenger, Hund oder Traktor als willkommene Übung. Noch können Sie, zusammen mit Ihrem Helfer, das Pony leicht beruhigen und am Flüchten hindern. Mit einer Kutsche dahinter wird das schon schwieriger. Deshalb sollte man mit dem Einspannen in die Kutsche auch erst beginnen, wenn das Fahren und Ziehen vom Boden aus mühelos klappt. Dann ist das Anspannen nur noch ein kleiner Schritt.

Wenn Sie die Möglichkeit haben, mit einem anderen, erfahrenen Shetty im Zweispann zu üben, haben Sie natürlich optimale Voraussetzungen. Spannen Sie gemeinsam mit dem Fahrer des anderen Ponys ein, der sich schon auf die Kutsche setzt, wenn Sie losgehen. Beide Ponys, auch das erfahrene, sollten von jeweils einem Helfer mit einem Führstrick geführt werden. Die Helfer sollten die Ponys nicht zu eng führen, sondern locker und selbstverständlich nebenher laufen. Laufen Sie nebenher oder bitten Sie einen zusätzlichen Helfer nebenher zu laufen. Gehen Sie nur im Schritt über ruhige Wege oder, wenn möglich, auf einer eingezäunten Wiese. Lassen Sie dem Neuling Zeit, sich an die Situation zu gewöhnen. Viele Ponys sind zu Beginn unruhig, laufen schlaksig hin und her, aber noch nicht ordentlich geradeaus. Sie müssen erst lernen, das Gewicht zu ziehen, die Hilfen anzunehmen und auch noch rennende Kinder, bellende Hunde und wehende Fahnen zu ertragen.

Verlangen Sie nicht zu viel, sondern hören Sie an den ersten Tagen nach spätestens einer halben Stunde auf. Beenden Sie die Übung immer mit etwas, was gut klappt und bleiben Sie im Schritt. Wenn das nach einiger Zeit sicher klappt, können Sie, mit Helfern, schon ein kurzes Stück antraben. Die Ponys sollten aber nicht die Gelegenheit bekommen, sich gegenseitig aufzuheizen. Der erfrischende kleine Galopp durch den Wald kommt erst später im Programm. Läuft das Pony sicher, bitten Sie die Helfer, die Führstricke abzunehmen und nebenher zu laufen. Zur Sicherheit sollten Sie allerdings einen langen Fürstrick oder eine kurze Longe in die Gebissringe (hier eignet sich wieder die so genannte Longierbrille, ein Verbindungsstück für beide Gebissringe, das in der Mitte eine Öse hat) des neuen Ponys einhaken und das Ende in der Hand halten. Sie haben dann die Möglichkeit, im Notfall einzugreifen und das Pony, wenn es geht, nach innen zu biegen. Wenn Sie das Pony ohne Lehrpony einfahren müssen, machen Sie alle diese Übungen im Einspänner, wobei das Pony dabei vorher noch lernen muss, zwischen den Scherbäumen zu gehen. Lassen Sie das Pony rückwärts treten, während wiederum ein Helfer die Scherbäume hochhält. Wiederholen Sie dies einige Male, bevor Sie das Pony an der Kutsche festschirren. Suchen Sie sich ruhiges Gelände, wo dem Pony nicht gleich irgendwelche Ungeheuer begegnen, das macht den Anfang doppelt schwer. Begegnen Sie doch unvorbereitet etwas, an dem das Pony nicht vorbei will, bleiben Sie vor allem ruhig. Steigen Sie als Fahrer in einer solchen Situation nie von der Kutsche ab, sondern lassen Sie nur den Helfer absteigen, damit Sie das Gespann noch lenken können. Versuchen Sie erst, das Pony zu ermutigen, indem Sie es energisch ansprechen und ruhig antreiben. Strafen Sie es aber auf keinen Fall für seine Furcht. Wenn Sie spüren, dass es nicht vorbei geht und falls es sogar steigen oder umdrehen sollte, muss der Helfer, der mit auf der Kutsche sitzt, unmittelbar reagieren. Nehmen Sie daher jemanden mit, der in so einem Moment flott und beherzt auftreten kann, ohne Angst zu haben. Der Helfer steigt ab, führt das Pony an der schwierigen Stelle vorbei und sitzt nach einem kleinen Stück wieder auf. So werden Sie sicher bei Ihren ersten Fahrten vielen schwierigen Stellen begegnen, die beim nächsten Mal schon gar nicht mehr so schlimm sind. Wenn es immer wieder die gleichen Sachen sind, vor denen das Pony Angst hat, können Sie so etwas als extra Übung einbauen. Scheut das Pony häufig vor wehendem Plastik (das es dann garantiert an jeder Ecke gibt), können Sie eine Zeit lang seinen Paddock mit wehenden Plastiktüten ausstatten. Irgendwann gehören auch die zum Alltag und alles ist halb so schlimm.

Eine weitere gute Hilfe beim Einfahren kann auch das Fahren hinter einem anderen Gespann sein. Solange dies in einem ruhigen Tempo bleibt, dem wir mit unserem Neuling gut folgen können, ist es leichter, geradeaus zu fahren und einen Rhythmus zu finden. Haben Sie das Pony zweispännig eingefahren, werden die Übungen im Einspänner wichtig, damit es auch alleine sicher wird. Wenn das Ziehen der Kutsche und das Geradeausfahren prima klappen, können Sie auf dem Fahrplatz oder im Gelände auch Schlangenlinien, Wendungen und Kreise fahren. Aber halt! Das will natürlich auch gelernt sein. Wie und warum, darum gehts im nächsten Kapitel.

Training von Fahrer und Pony: Fahrkurs und Unterricht

Wie man zum Beispiel eine Wendung fährt, kann man nicht theoretisch aus Büchern lernen. Und man sollte es praktisch auch nicht gleich am frisch eingefahrenen Pony ausprobieren. Denn wie beim Autofahren lernen macht man erst mal Fehler. Und im Unterschied zum Auto wird ein Pony durch diese Fehler durcheinander gebracht. Es merkt sich diese und weiß vielleicht an der nächsten Ecke gar nicht mehr, was gemeint ist. Also auf in den Fahrkurs! Dort lernt man, in netter Atmosphäre, mit Gleichgesinnten die Griffe erst mal auf dem Trockenen. An einem Fahrlehrgerät mit Leinen und Gewichten, die Ihnen keinen Fehler übel nehmen. Und wenn Sie dann ans echte Pferd dürfen, können Sie die Griffe wahrscheinlich schon im Schlaf. Und weil man im Fahrkurs alles so gründlich lernt und mit erfahrenen Pferden üben kann, sollte meines Erachtens auch niemand sein Pony selbst einfahren, der nicht mindestens einen Fahrkurs gemacht hat. Wer Spaß an der Sache bekommt, kann weitermachen. Nach dem Grundkurs, der mit dem Fahrabzeichen Klasse IV endet, können Sie mit dem bronzenen (Zweispänner mit zusätzlicher Dressurprüfung) und dem silbernen Fahrabzeichen (Vierspänner mit Dressur-

Damit es kein Leinensalat wird: unbedingt einen Fahrkurs machen!
Foto: Dorothee Dahl

prüfung und Doppellongenarbeit) aufbauen. Das goldene Fahrabzeichen wird erst für besondere Leistungen und Erfolge verliehen, bis dahin ist es noch ein weiter Weg. Lassen Sie sich aber nicht beirren. Kutsche fahren macht großen Spaß und wer weiß, vielleicht machen Sie dem international erfolgreichen Fahrprofi Aart van de Kamp mit seinen Shettys irgendwann Konkurrenz.

Wenn Sie Turnierambitionen haben, empfiehlt es sich, in einen Fahrverein zu gehen, oder gemeinsam mit anderen Fahrern einen guten Fahrlehrer zu organisieren, der mit Ihnen an den Feinheiten arbeitet. Da lernt man natürlich nie aus, außerdem haben Fehler, die sich schnell einschleichen, wenn man alleine übt, weniger Chancen, sich zu festigen. Man hat die Möglichkeit, auch andere Gespanne zu fahren und seine Ponys von erfahrenen Fahrern trainieren zu lassen.

Sonntagsspazierfahrt, Wanderfahrt, Kutschenkorso, Fahrturnier

Gut vorbereitet und trainiert können wir nun mit unseren Shetland-Ponys viele Wege befahren. Eine Sonntagsspazierfahrt (die natürlich, je nach Zeit, auch dienstags oder donnerstags stattfinden kann) gehört zu den schönsten Belohnungen für unsere Mühen. Unser Ziel kann ein Besuch bei Freunden sein, aber auch eine Pause bei einem pferdefreundlichen Café oder ein schönes Picknick am See machen den Ausflug zu einem besonderen Erlebnis. Wie alle Ausflüge bedürfen natürlich auch die mit Pferd und Kutsche einer guten Vorbereitung. Wir prüfen den Beschlag, packen das Notbeschlagswerkzeug ein, schauen uns den

Mini-Führmaschine für Mini-Shettys – natürlich ein ganz besonderer Luxus. Mehrere Ponys in Topkondition zu halten erfordert aber viel Zeit und diese Führmaschine hilft gleichzeitig beim ganzen Gespann Kondition für den Turniersport aufzubauen.
Foto: Christiane Slawik

Weg auf der Karte an oder fahren ihn sogar vorher mit dem Auto ab, sorgen für sinnvolle Kleidung und packen den Picknickkorb. Früh aufstehen ist angesagt, denn die Ponys müssen nach dem Füttern mindestens eine Stunde ruhen, bevor es losgehen kann. Danach spannen wir an, für einen genüsslichen Ritt. Shetland-Ponys sind so klein, dass es ratsam ist, auf Fahrradwegen zu fahren, auch wenn dies eigentlich nicht erlaubt ist. Jeder Polizist, der Sie ermahnt, wird aber verstehen, dass ein so kleines Gespann auf einer Straße, auf der 80 Stundenkilometer gefahren werden dürfen, in Gefahr ist und eine Gefahr für den Verkehr darstellt. Verhalten Sie sich, auch wenn Sie im Recht sind, gegenüber dem anderen Verkehr immer defensiv. Gehen Sie davon aus, dass Sie nicht so ernst genommen werden, wie es eigentlich gesetzlich vorgeschrieben ist. Dieses Problem haben übrigens nicht nur Shetland-Pony-Fahrer. Ich habe meinen letzten Fahrkurs mit zwei großen Trakehnern vor einem gut sichtbaren Marathon-Wagen gemacht. Immer wieder wurden wir in letzter Sekunde und mit gefährlichen Manövern überholt oder ausgebremst. Ärgern Sie sich nicht zu sehr, Sie sind mit Ihrem Gespann doch immer schwächer. Hauptsache, wir bringen uns und unsere Ponys nicht in Gefahr und genießen vor allem unsere Ausfahrt. Deshalb ist es ja auch am Schönsten, im Wald und zwischen den Feldern zu fahren. Vielleicht haben Sie ja diese optimalen Möglichkeiten vor Ihrer Haustür. Wenn nicht, können Sie Ihre Ausrüstung irgendwann um einen Pferdeanhänger mit Kutschenhalterung erweitern und schöne Gebiete am Wochenende oder in den Ferien besuchen. In manchen Gegenden, zum Beispiel in der Lüneburger Heide oder auf der Hooge Veluwe, einem Heidegebiet in den Niederlanden in der Nähe von Arnhem, gibt es bereits geplante Routen auf kilometerlangen Sandwegen, mit Übernachtungsmöglichkeiten für Kutscher und Ponys. Hier kann man Wanderfahrten unternehmen, ohne allzu viel organisieren zu müssen. Futter für die Ponys und ein warmes Bett oder netter Zeltplatz für die Fahrer warten schon!

Besonders schön herausputzen wird man Ponys, Kutsche und Fahrer für einen Kutschenkorso. Manche stehen unter einem besonderen Motto und lassen beispielsweise nur antike Kutschen mit passender Kleidung zu.

Das ist wunderschön anzusehen und wird zudem häufig auch in einer Umgebung veranstaltet, die das besondere Bild noch unterstreicht. Da gibt es Fahrten von Schloss zu Schloss, oder gar ein Treffen auf einer echten Ritterburg mit mittelalterlichem Mahl. Es gibt Kutschenkorsos für alle oder nur für Shettys.

In jedem Fall sind der Phantasie keine Grenzen gesetzt. Hauptsache, die Ponys sind gut trainiert, kennen es, mit anderen Gespannen zusammen zu fahren und sind längeren Trabstrecken gewachsen. Nehmen Sie so ein Kutschenkorso zum Anlass, die Ponys besonders gut zu putzen oder sogar zu waschen (wenn das Wetter es zulässt), vielleicht die Mähnen und die Kutsche zu verzieren und selbst etwas Schönes anzuziehen. Je nach Kutsche und Anspannung kann man die jeweils passende Kleidung wählen.

Blättern Sie mal in Kutschenbüchern oder lassen Sie sich von begeisterten Fahrern beraten, was am besten zu Ihrer Anspannung passt oder traditionell dazugehört. Das ganze Drumherum macht fast genauso viel Spaß wie die eigentliche Fahrt.

Machen Sie mal eine Wanderfahrt mit Shetland-Ponys. Bei guter Vorbereitung wird es bestimmt zu einem besonderen Erlebnis für die ganze Familie.
Foto: Christiane Slawik

Da braucht auch der Mensch Kondition: So ein winziges Gespann sollte beim Kutschenkorso oder Schauauftritt aus Sicherheitsgründen unbedingt geführt werden.
Foto: Christiane Slawik

Auch die Turniervorbereitungen beginnen schon lange vor dem Turnier und erfordern intensive logistische Planungen, damit man am großen Tag alles hat, was man braucht. Schauen Sie sich Fahrturniere an und fragen Sie, ob Sie einmal bei den Ställen und den Anspannplätzen zuschauen dürfen. Viele Leute sind nötig, um alles zur rechten Zeit fertig zu haben, damit der eigentliche Fahrer beruhigt starten kann. Turniere kann man nicht alleine fahren. Man braucht mindestens einen zuverlässigen Groom, einen Helfer also, der bei allen Arbeiten hilft und in den Prüfungen mitfährt. Welche Prüfungen Sie mit Ihrem Shettygespann fahren können und wie man sich im Laufe der Zeit für schwerere Prüfungen qualifizieren kann, erklärt Ihnen sicher gerne Ihr Fahrlehrer. Vielleicht können Sie selbst einmal als Groom mitfahren, um mit den Abläufen vertraut zu werden. Fast überall gibt es jedenfalls kleinere Turniere, bei denen Fahrer und Ponys erproben können, wie gut alles klappt. Starten Sie nur gut vorbereitet und zeigen Sie, was Shettys alles können.

Mit einer guten, pferdefreundlichen Vorstellung werden Sie mit Ihren Kleinen im Nu die Herzen der Zuschauer erobern. Üben Sie unbedingt vorher schon mal mit Applaus, denn der wird Ihnen und den Zwergen sicher sein!

Fahrer und Hund trainieren diese Shettys vor dem Marathonwagen für die Turnierteilnahme.
Foto: Christiane Slawik

Intelligent, lernwillig und leistungsstark

Fahren 87

SHETLAND-PONYS

Shetland-Ponys lieben es, im Schnee herumzutollen. Gönnen wir ihnen das Vergnügen und uns eine tolle Schlittenfahrt!
Foto: Christiane Slawik

SPASS DAS GANZE JAHR HINDURCH

Unsere Reithalle ist der Himmel und eigentlich ist das ganze Jahr Fahrsaison. Dann lohnen sich Arbeit und Anschaffungen rund um unser Shetty und wir haben das ganze Jahr hindurch Spaß mit ihnen. Einiges müssen wir natürlich, je nach Jahreszeit beachten, denn auch wir Menschen passen uns ja den Wetterumständen so gut wie möglich an. Allerdings sind wir leider nicht im Besitz eines solch wunderbaren Fells, wie unsere Shetland-Ponys es haben. Sie brauchen sich auch nicht, so wie wir, dauernd umzuziehen, weil ihnen der Winterpelz einfach von alleine wächst.

Mücken und Hitze: Was man im Sommer beachten muss

Auf der Weide und im Paddock suchen die Shettys von alleine den Schatten auf, wenn es ihnen zu heiß wird. Diese Möglichkeit müssen sie haben, da ein im Volksmund so genannter Hitzschlag für unsere Ponys fatale Folgen haben kann. Wenn wir mit ihnen arbeiten, müssen wir dafür sorgen, dass sie immer wieder Pausen haben, in denen sie im Schatten ausruhen können.

Das Kühlen der Beine ist nach der Arbeit im Sommer besonders wichtig. Verlangen Sie bei schwüler Hitze keine Höchstleistungen, sondern bauen Sie lange Schrittphasen

*Es muss nicht unbedingt ein Sonnenhut sein, aber genügend Schatten brauchen unsere Shettys im Sommer genauso wie wir.
Foto: Christiane Slawik*

ein. Bei manchen Ponys kann es, je nach Konstitution, vorkommen, dass der Ausgleich von Salzen und Flüssigkeit im Körper nicht mehr optimal ist. Es besteht dann die Gefahr des Austrocknens. Sie können diesen Zustand, der zum Beispiel auf langen Wanderritten oder Wanderfahrten auftreten kann, bei Ihrem Pony erkennen. Ziehen Sie mit Daumen und Zeigefinger ein Stück Haut am Hals des Ponys vom Körper weg. Es muss sofort zurückgehen und darf nicht als Falte stehen bleiben oder sich träge zurückbilden. Sollte dies der Fall sein, muss man unbedingt eine längere Pause einlegen, das Pony absatteln oder ausschirren und ihm nach etwa einer Viertelstunde Pause Wasser anbieten. Nehmen Sie bei Ponys, die zu diesem Zustand neigen, ein wenig Speisesalz aus der Küche mit, das Sie ihm dann vor dem Sau-

fen ins Maul geben. Es hat dann die Möglichkeit, seinen Elektrolythaushalt schneller wieder zu regenerieren. Reiten oder fahren Sie erst dann wieder los, wenn Ihr Pony wieder frischer wirkt und die Haut beim Hauttest wieder zurückgeht. Auch die Atmung sollte sich im Laufe der Pause wieder völlig normalisiert haben, das heißt, das Pony sollte nicht mehr pumpen, sondern ruhig mit etwa neun bis fünfzehn Atemzügen pro Minute atmen. Die Atmung ist allerdings von Felldichte und Felldicke abhängig. Bei warmer Witterung kann die Atemfrequenz auf etwa 40 Atemzüge pro Minute ansteigen, sollte darüber aber nicht hinausgehen und sich nach zehn Minuten Pause wieder normalisiert haben.

Im Sommer plagen uns leider die Mücken und anderes Getier. Zusätzlich zur natürlichen

Insektenabwehr durch Schopf und Schweif müssen wir je nach Empfindlichkeit des Ponys mehr oder weniger zusätzlichen Insektenschutz einsetzen.

Wenn die Gefahr besteht, dass die Tiere von aggressiveren Insekten wie Pferdebremsen gestochen werden, sollten wir allerdings nicht am Insektenmittel sparen. Auch das liebste Shetland-Pony kann völlig ausflippen, wenn es an empfindlichen Stellen oder gar unter dem Geschirr gestochen wird! Auf dem Markt sind inzwischen viele brauchbare und meist angenehm duftende Mittel zur Insektenabwehr auf der Basis von ätherischen Ölen, die recht lange wirken. Nehmen Sie die Flasche mit, dann können Sie sich und die Ponys unterwegs nachbehandeln.

Von aggressiven, synthetischen Insektenmitteln, die versprechen, die Insekten zu töten,

SHETLAND-PONYS

*Bei tränenden Augen im Sommer hat sich das Auswaschen der Augen mit einem in Rotbusch-Tee getränkten Wattebausch bewährt. Wenn es nicht besser wird, können Augentropfen für Menschen aus der Apotheke helfen, ansonsten sollte der Tierarzt gerufen werden.
Foto: Frank Fritschy*

sollten wir unsere Finger lassen. Sie enthalten Nervengifte, die sowohl für uns als auch für unsere Ponys schädlich sein können.

Vor allem Shetland-Ponys neigen dazu, im Sommer tränende, manchmal sogar eitrige Augen zu bekommen, weil sie empfindlich auf Fliegen reagieren. In diesem Fall sollten Sie das Auge zweimal täglich mit Rooibos- (Rotbusch-) Tee auswaschen, bis es wieder normal aussieht. Nur wenn das Auge, beispielsweise nach einem Insektenstich, zuschwillt, warm oder sichtbar entzündet ist, sollten Sie den Tierarzt rufen.

Denken Sie zu Ihrer eigenen Sicherheit auch im Sommer an festes Schuhwerk. Schon so manches Shetland-Pony mit Hufeisen hat seinem Sandalen tragenden Besitzer im Sommer zu einem blauen Zeh verholfen.

Schnee und Kälte:
Was im Winter wichtig ist

Im Winter kriegt man die blauen Zehen eher, weil man kalte Füße bekommt. Vor allem beim Kutschefahren ist eine Lammfellsohle extra kein überflüssiger Luxus.

Was die Schuhe Ihres Shetland-Ponys betrifft, kann es, je nach Gelände, im Winter ganz normal beschlagen werden. Wenn es bei Ihnen allerdings bergig und Schnee keine Ausnahme ist, sollten Sie mit Ihrem Hufschmied über den optimalen Schutz gegen das Aufstollen von Schnee in den Hufen und gegen Rutschen bei fester Schneedecke oder Glatteis sprechen. Es gibt Stollen, Huf-Grip und andere wenig aufwendige und preiswerte Hilfsmittel zur Optimierung des Winter-Beschlags.

Mit speziellen Stollen kann man sogar mit dem Schlitten übers Eis fahren! Ein einmaliges Erlebnis. Oder spannen Sie ein sicheres Shetty vor einen normalen Kinderschlitten, allerdings so, dass Sie den Schlitten jederzeit abhängen können. Nun können Sie viele Kinderschlitten dahinter hängen, die das Shetty über eine verschneite Wiese zieht. Das gibt garantiert jede Menge Spaß für Kinder, Erwachsene und die Ponys!

*Spaß mit den Shettys auch im Winter: Alle sind zufrieden und die Erwachsenen brauchen den Schlitten nicht zu ziehen.
Foto: Christiane Slawik*

Die warme Winterjacke der Shetland-Ponys führt dazu, dass ihnen natürlich besonders warm werden kann und sie, auch im Winter, ordentlich ins Schwitzen kommen. Auch hier dienen Schrittphasen zur Beruhigung der Atmung. In den Pausen und nach der Arbeit muss das Shetland-Pony aber unbedingt eingedeckt werden, bis es trocken ist, damit es sich nicht erkältet. Man kann die Ponys mit Stroh oder einem alten Frotteehandtuch abreiben und dann mit einer Woll-, Fleece- oder Neuseelanddecke eindecken. Niemals sollte man ein nasses, verschwitztes Shetlandpony auf die Weide entlassen. Wenn man es sich zur Gewohnheit macht, auf dem letzten Stück Richtung Stall Schritt zu gehen, ist das Pony meist schon ein wenig abgekühlt, wenn man zu Hause ist.

Im Sommer und im Winter lassen wir das Pony nach der Arbeit immer erst zur Ruhe kommen, bevor wir es tränken und füttern. Wir nehmen nur das Kopfstück ab und binden es mit dem Halfter an. Nach etwa zwanzig Minuten Ruhezeit nehmen wir erst das Geschirr oder den Sattel ab, damit der Druck, der auf bestimmten Stellen gelastet hat, langsam zurückgehen kann. Anschließend geben wir dem Pony sein Leistungsfutter und bieten frisches Wasser aus einem sauberen Eimer an.

Fahrer und Reiter können sich das ganze Jahr hindurch mit angemessener Kleidung vor Hitze, Kälte und Regen schützen. Hier hat sich das Zwiebelprinzip bewährt: Funktionsunterwäsche, Hemd, Fleecepullover und Bodywarmer oder atmungsaktive Jacke, bequeme Hose und festes Schuhwerk. Einmal angeschafft, hält auch diese Ausrüstung lange und kann an besonderen Tagen natürlich durch stilgerechte Kleidung passend zur Kutsche ersetzt werden. Ein Kutschfahrer trägt traditionell immer eine Kopfbedeckung, die im Sommer leicht und hell sein kann und Augen und Gesicht vor intensiver Sonneneinstrahlung schützen sollte, im Winter ist ein Wasser abweisender Hut äußerst praktisch. Manche Vereine, Züchter oder kleine Privatställe haben zur Kutsche passende Trainings- und Turnierkleidung, auf die sogar der Name des Stalles gestickt ist. Gerade bei den kleinen Shetland-Ponys, die um ihr Ansehen kämpfen müssen, fördert ein stimmiges Gesamtbild den positiven Gesamteindruck.

Eigentlich schade, dass uns Menschen nicht auch so ein herrlicher Winterpelz wächst!
Foto: Christiane Slawik

Die Autorin Dorothee Dahl hat auf Shetland-Ponys reiten gelernt. Heute bildet sie Shettys auch vor der Kutsche aus. Foto: Frank Fritschy

ADRESSEN

IG SHETLAND

Interessengemeinschaft der Shetlandponyzüchter e.V.
Geschäftsstelle:
Große Weide 17
D-38518 Gifhorn
Tel: 0 53 71/93 28 67
Fax: 0 53 71/93 28 69

KLEINE KUTSCHEN FÜR SHETLAND-PONYS

Hansmeier Fahrsport GmbH
Rafelder Str. 1-2
D-32689 Kalletal-Hohenhausen
Tel. 0 52 64/18 70
www.hansmeier.de

Kühnle Kutschenmanufaktur GmbH & Co. KG
Gründelweg 66
D-72221 Haiterbach- Beihingen
Tel. 0 74 56/8 01
www.kuehnle.de

FAHRGESCHIRRE MASSANFERTIGUNG ODER QUALITÄT VON DER STANGE

Firma van Rijs
Zadel- en Tuigmakerij van Rijs bv
Potgietersingel 1
NL-2761 LB Zevenhuizen
Internet: www.vanrijs.nl

Laufstallarbeitsgemeinschaft für artgerechte Pferdehaltung
Ferstlstraße 15
85445 Oberding

Deutsche Wanderreiter Akademie
und Karawane: erprobtes Wanderreiterzubehör
(Notbeschlagset/Sattelpads/Kleidung)
Fischerhof
D-56410 Reckenthal/ Montabaur
Tel. 0 26 02/1 85 07

EIWEISSARMES KRAFTFUTTER

Aegidienberger Futter für Robustpferderassen
über Futterhandel
Heiligenroder Pferdefutter Typ „Windrose"
bei Kräuterwiese Wiechert
Birkenkamp 27
D-28816 Stuhr
Tel. 04 21/8 05 02 00
www.kraeuterwiese.de

FAHRKURSE/PFERDEAUSBILDUNG/ DOPPELLONGENARBEIT

Fahr-, Turnier- und Ausbildungsstall
Heinrich Freiherr von Senden, Fahrlehrer FN
Lichtenmoorer Str. 10
D-31634 Steimbke
Tel. 0 51 65/20 11
www.vonsenden.de

MONTY ROBERTS

www.montyroberts.de
(Lehrer, Bücher, Videos, Erklärungen
und Bestellmöglichkeit zum Dually Halfter)
www.montyroberts.com

PAT PARELLI

Parelli Savvy Center
(Info, Kurse, Literatur, Halfter)
Familie Gieseke
Siek 2
D-29643 Neuenkirchen/Heide
www.parelli.de

PLATTEN UND MATTEN ZUR PADDOCKBEFESTIGUNG

Firma HÜBNER-LEE
Kronburger Straße 4
D-87700 Memmingen
Tel. 0 83 31/9 44 70
www.huebner-lee.de

SOMMEREKZEM

Sommerekzemdecken der Firma Boett
in Shettygrößen
Christine Abee
Arts & Crafts
Wilhelmstraße 28
D-53879 Euskirchen
Tel. 0 22 51/77 04 17

Ökozon gegen Sommerekzem
Bezugsadresse und Beratung
und Einhorn Komfort Sommerekzemdecke,
Maßanfertigung für Shetland-Ponys
Heidi Heinemann
D-27711 Osterholz-Scharmbeck
Tel. 0 47 91/8 95 62

LITERATURVERZEICHNIS

Bruhns, Ursula: *Richtiger Umgang mit Pferden*
Zürich, 1978

Ellis/Ellis/Claxton: *Make the Most of Carriage Driving*
J. A. Allen & Co. Company Limited, London, 1995

Dr. Flade, Johannes Erich: *Shetlandponys*
Hohenwarsleben:
Westarp Wissenschaften, 2001

Grone, Jutta von: *Die Pferdeweide*
Zürich, 1977

IG Shetland Jahresheft 2000

Kauffeldt, Nicole: *Heft Shetlandponies*
Schürensöhlen, 1995

McBane, Susan: *Pferde der Welt*
Quarto Publishing plc./
Könemann Verlagsgesellschaft Köln, 1997

Pape, Max: *Die Kunst des Fahrens*
Franckh- Kosmos Verlags GmbH & Co,
Stuttgart

Parelli, Pat: *Natural Horse-Man-Ship*
Western Horseman Inc.,
Colorado Springs, 2000
Eine deutsche Übersetzung ist ebenfalls erhältlich

Rostock/Feldmann: *Islandpferde Reitlehre*
Gangpferdezentrum Aegidienberg,
Bad Honnef, 1994

Russel, Valerie: *Shetland Ponies*
Whittet Books Ltd., 18 Anley Road, London W14OBY

Lassen Sie sich inspirieren ...
Informative Pferdebücher von CADMOS

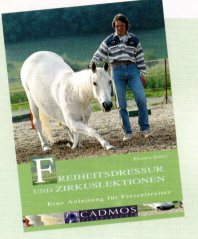

Franco Gorgi
FREIHEITSDRESSUR UND ZIRKUSLEKTIONEN

Viele Reiter reizt es, dem Pferd kleine Kunststückchen beizubringen. Dazu eignet sich die Freiheitsdressur und die Einübung einfacher Zirkuslektionen.

128 Seiten, farbig
ISBN 3-86127-355-1
€ 32,00

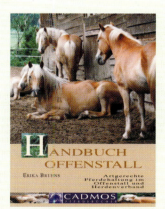

Erika Bruhns
HANDBUCH OFFENSTALL

Artgerechte Pferdehaltung im Offenstall und Herdenverbund.

160 Seiten, farbig
ISBN 3-86127-348-9
€ 26,90

Anke Rüsbüldt
SOMMEREKZEM

Das Sommerekzem ist für die betroffenen Pferde ein ernstes Problem, das sie in ihrem Wohlbefinden stark beeinträchtigt. In diesem Buch werden Krankheitsgeschichte, Erscheinungsbilder und Therapiemöglichkeiten erläutert.

96 Seiten, farbig
ISBN 3-86127-366-7
€ 19,90

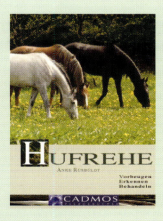

Anke Rüsbüldt
HUFREHE

Dieses Buch gibt Tipps zur Vermeidung von Hufrehe und Behandlungshinweise.

96 Seiten, farbig
ISBN 3-86127-324-1
€ 16,90

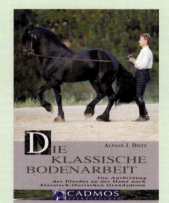

Alfons J. Dietz
DIE KLASSISCHE BODENARBEIT

Die Ausbildung des Pferdes an der Hand nach klassisch-iberischen Grundsätzen.

176 Seiten, farbig
ISBN 3-86127-344-6
€ 32,00

CADMOS
PFERDEBÜCHER

Erhältlich im Fachhandel! Sie können unseren Prospekt anfordern:
CADMOS VERLAG GMBH · Lüner Rennbahn 14 · D-21339 Lüneburg · Tel. 04131-9835 150 · Fax 04131-9835 155
oder besuchen Sie unseren Shop im Internet: **WWW.CADMOS.DE**

Auf den Punkt gebracht ...
Praktische Ratgeber von CADMOS

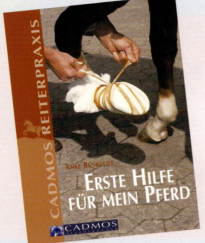

Anke Rüsbüldt

ERSTE HILFE

Was tun bei Verletzungen? Erste Hilfe beim Pferd sollte zum Grundwissen eines jeden Reiters gehören.

96 Seiten, farbig
ISBN 3-86127-518-X
€ 10,00

Erika Bruhns

MIT PFERDEN SPIELEN

Dieses Buch bietet eine große Anzahl an Spielanregungen als Abwechslung zum Reitalltag.

96 Seiten, farbig
ISBN 3-86127-513-9
€ 10,00

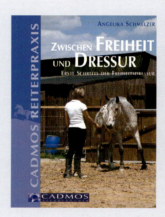

Angelika Schmelzer

ZWISCHEN FREIHEIT UND DRESSUR

Der wesentliche Reiz der Freiheitsdressur besteht in der Beherrschung der Körpersprache und der sorgfältigen Beobachtung des Pferdes.

80 Seiten, farbig
ISBN 3-86127-524-4
€ 10,00

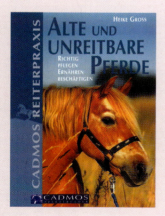

Heike Groß

ALTE UND UNREITBARE PFERDE

Wie soll ein Pferdebesitzer reagieren, wenn sein Pferd plötzlich vom Tierarzt für unreitbar erklärt wird? Die Autorin gibt viele Praxistipps für Beschäftigung, Pflege und Gesundheit.

112 Seiten, farbig
ISBN 3-86127-504-X
€ 10,00

Heike Groß

WENN PFERDE KOCHEN KÖNNTEN

Mit Tipps für Futter, mit dem Medikamente leicht eingegeben werden können, und Beschreibungen von Heil- und Giftpflanzen.

80 Seiten, farbig
ISBN 3-86127-512-0
€ 10,00

CADMOS PFERDEBÜCHER

Erhältlich im Fachhandel! Sie können unseren Prospekt anfordern:
CADMOS VERLAG GMBH · Lüner Rennbahn 14 · D-21339 Lüneburg · Tel. 04131-9835 100 · Fax 04131-9835 155
oder besuchen Sie unseren Shop im Internet: **WWW.CADMOS.DE**

Xbp 1
Dal
✓